经济法理论与实践研究

徐伟俊　著

中国商务出版社

·北京·

图书在版编目（ＣＩＰ）数据

经济法理论与实践研究 / 徐伟俊著. -- 北京 ：中
国商务出版社，2023.12

ISBN 978-7-5103-5017-7

Ⅰ．①经… Ⅱ．①徐… Ⅲ．①经济法－研究－中国
Ⅳ．①D922.290.4

中国国家版本馆CIP数据核字(2023)第250234号

经济法理论与实践研究

JINGJIFA LILUN YU SHIJIAN YANJIU

徐伟俊　著

出　　　版：中国商务出版社

地　　　址：北京市东城区安外东后巷28号　　　　邮　编：　100710

责任部门：发展事业部（010-64218072）

责任编辑：李鹏龙

直销客服：010-64515210

总 发 行：中国商务出版社发行部（010-64208388　64515150）

网购零售：中国商务出版社淘宝店（010-64286917）

网　　　址：http://www.cctpress.com

网　　　店：https://shop595663922.taobao.com

邮　　　箱：295402859@qq.com

排　　　版：北京宏进时代出版策划有限公司

印　　　刷：廊坊市广阳区九洲印刷厂

开　　　本：710毫米×1000毫米　1/16

印　　　张：15.75　　　　　　　　　　　字　数：250千字

版　　　次：2023年12月第1版　　　　　印　次：2023年12月第1次印刷

书　　　号：ISBN 978-7-5103-5017-7

定　　　价：79.00元

前　言

随着社会与经济的不断发展，国家对经济生活的干预角度也在发生着改变，经济法成为国家宏观经济管理的重要法律，不能再单纯地认为经济法只是调整经济关系的法律，它的法律内容更加丰富、范围更加宽广、影响力更深入。国家对社会经济生活进行着整体性的管理与监督，并兼顾着组织与协调的职能，最基本的就是对个体的经济利益与社会的经济利益进行有机的协调，使两者之间减少矛盾冲突，以一种相互适应的方式来寻求发展的平衡。

经济法是社会主义市场经济法律体系中重要的部门法，学好经济法有利于培养经济法律思维，形成经济法律实际应用能力。本书从经济法概论入手，介绍了经济法中的理念与理论，并详细分析了经济法中的市场秩序法律、经济法中的市场主体法律、经济法中的国家投资法律、经济法中的金融法律制度、经济法中的劳动保障法律制度以及经济法的责任制度等内容。

在本书编写过程中，作者注意基本知识、基本观点、基本技能的传授和训练，力求将经济法律的系统性、科学性与趣味性融为一体。此外，在本书的编写中，作者还阅读和参考了大量的相关著作、教材、论文和网络资源，吸收和借鉴了同行相关的最新成果，在此谨向有关作者表示深深的感谢和敬意。由于作者经验及水平有限，本书还存在许多缺点和不足，敬请各位同仁及读者提出批评和建议。

目　录

第一章　经济法概论

第一节　经济法概述

一、法的概念

《孟子·离娄上》中说到"不以规矩，不能成方圆"。大千世界，但凡人类聚居的地方，总有各类约束人们行为方式的规矩，譬如家规、军令、党纪、乡规民约、宗教教义、伦理道德、公司内控制度……法律也是一种规矩。法字古体为"灋"。许慎《说文解字》："灋，刑也。平之如水，从水。廌，所以触不直者去之，从去。"廌也称"獬豸"，古代传说中的异兽，头上长着一只角，似羊非羊，似鹿非鹿，俗称"独角兽"，能辨曲直，见人争斗就用角去顶坏人。

法是由国家制定或认可的，代表统治阶级意志，并由国家强制保证实施的行为规范的总称。这一国家意志的内容由统治阶级物质生活条件所决定，通过规定人们在社会关系中的权利和义务，确认、保护和发展有利于统治阶级的社会关系和社会秩序。马克思主义法学理论认为：法是统治阶级意志的体现，是实现阶级统治的工具。美国社会学法学创始人罗斯科·庞德指出，法律是社会控制的工具。《管子·七臣七主》中说到"法律政令者，吏民规矩绳墨也"。可见，法律与国家政权、社会秩序休戚相关。但凡危及国家统治的问题，均有纳入法律调整的必要。

第一，法是调整人们行为或者社会关系的规范。法只能针对行为，不能针对思想，即"思想犯不为犯"。法必须体现为规范的形式，必须是针对不特定的对象提出的准则。

第二，法是由国家制定或者认可的，体现了国家对人们行为的评价，具有国家意志性。国家的存在是法存在的前提条件，一切法的产生都是通过国家制定或认可这两种途径，而且都要由国家颁行，具有国家权威性。

第三，法是有国家强制力为最后保证手段的规范体系，具有国家强制性。法以国家强制力为后盾，由国家强制力保证实施。不管主观愿望如何，人们都必须遵守法，否则将受到相应的法律制裁。国家的强制力是法实施的最后保障手段。

第四，法在国家权力管辖范围内普遍有效，因而具有普遍性。法作为一般的行为规范，在国家权力管辖范围内具有普遍适用的效力和特性。在一国范围内，任何人和组织的合法行为都受法的保护，任何人和组织的违法行为，都要受法的制裁。法对人们的同类行为还具有反复适用的效力。在同样的情况下，法可以反复适用，而不仅适用一次。

第五，法是有严格程序规定的规范，具有程序性。法是强调程序、规定程序和实行程序的规范。也可以说，法是一个程序制度化的体系或者制度化解决问题的程序。程序是社会制度化最重要的基石。

二、经济法

经济关系是人类社会最基本、最广泛的一类社会关系，是在一定生产方式基础上形成的，并存在于生产、交换、分配、消费各个经济环节和领域内的社会关系。这一重要的社会关系，自有法之日起，便是各个社会、各个历史类型的法律规定和调整的重要内容。但作为调整经济关系的经济法成为一个独立的法律部门出现却只有近百年的历史。"经济法"一词起源于法国，是法国空想共产主义者摩莱里在 1755 年出版的《自然法典》一书中首先提出来的。摩莱里在该书中将"经济法"一词作为"分配法"的词义使用。后来，法国另一空想共产主义者德萨米在其著作《公有法典》一书中也使用了"经济法"这一概念，仍作"分配法"之义使用。作为部门法的经济法直至 20 世纪 20 年代才在德国产生。当时，为应对第一次世界大战后国内经济危机、负担巨额战争赔款和摆脱经济上的困境，解决垄断经济组织操纵市场所带来的经济社会问题，德国进一步加大经济干预，颁布了《煤炭经济法》《钾素经济法》《防止滥用经济力法令》等法律、法令。之后，德国出版了很多以"经济法"为题的学术著作和教科书，这时经济法概念才有了较为完整的含义。西方国家的经济法，是在由自由资本主义经济过渡到垄断资本主义经济的过程中，国家为应对经济发展中出现的垄断、市场失灵和经济危机等问题，而越来越普遍采取干预措施的背景下产生和发展起来的。在我国，经济法是在改革开放和加强经济法制建设的背景下逐步兴起的，并随着社会主义市场经济体制建设步伐的推进而不断丰富和完善。一般认为，经济法是调整国家在经济管理和协调发展经济活动过程中所发生经济关系的法律规范的总称。

这一概念包括以下几个方面的含义：①经济法是调整经济关系的。②经济法调整的是一定范围的经济关系。经济法并不调整所有的经济关系，经济法调整的经济关系的范围与国家管理和协调的经济活动有关，是国家干预经济活动的结果。这个范围是与其他部门法调整的经济关系的区别所在。③经济法通过对经济活动主体的资格、组织、活动、行为等进行规范和约束而实现调控和规范经济的目的。经济法与国家的经济行政法是不同的，后者主要与行政管理活动相联系。④经济法调整的经济关系是由于国家对经济活动进行管理和协调而发生的。经济法调整的经济关系与国家对经济活动的干预密切相连，在经济法规制的范围和领域，经济活动主体的意思表示是不能自主的，这是经济法与民法的主要区别。⑤经济法是经济法律规范的总称。经济法是由众多经济法律法规构成的体系，是按一定的逻辑关系和分类方法对经济法律规范分门别类而组成的有机联系的统一整体，是法的体系中的一个部门法。

三、经济法的调整对象

任何法都是以一定的社会关系作为调整对象的。经济法作为我国法律体系中一个独立的法律部门，以特定的经济关系作为调整对象。经济法的调整对象是国家在经济管理和协调发展经济活动过程中所发生的经济关系。

（一）经济管理关系

经济管理关系是指国家在管理和协调经济运行过程中形成的特定经济关系，是国家从长远和社会公共利益出发，对关系国计民生的重大经济因素实行全局性协调、干预所产生的经济关系。国家以直接或间接的方式，选择经济和社会发展战略目标，调整重大结构和布局，兼顾公平与效率，保护资源与环境，实现经济总量的基本平衡和经济结构的优化，实现国民经济的可持续发展。经济管理关系包括宏观管理与微观管理两方面的内容。宏观管理经济关系一般包括国家在财政、税收、金融、物价调节、土地利用规划、标准化管理等活动中所产生的经济关系；微观管理经济关系一般包括国家在税收征管、金融证券监管、贸易管制、物价监督、企业登记管理、交易秩序管理等活动中产生的经济关系。在实践生活中，这两方面的内容往往是交织在一起的。

（二）维护公平竞争关系

维护公平竞争是国家协调发展经济活动的重要方面。这一关系是指国家为了维持市场经济的正常运行和保持其活力，采取相应的措施，维护、促进或限制竞争过程中形成的社会经济关系。我国的经济体制是社会主义市场经济体制，为了保证其健康有序地发展，必须建立统一、开放的市场体系，以促进各种生产要素的自由流动，充分发挥市场竞争机制的作用。但是，市场竞争往往也具有限制竞争和妨碍竞争的问题，会出现垄断和不正当竞争的倾向。而垄断和不正当竞争是妨碍市场经济发展的天敌，这就必须通过经济法规对市场经济关系加以协调，以完善市场规则，有效地反对垄断，制止不正当竞争以及维护市场公平、自由竞争的良好经济秩序。

（三）经济组织内部的经济关系

经济组织是指以企业为主体的各类经济组织。其内部经济关系是指其自身在组织经济活动中发生的各种内部经济管理关系，包括企业领导机构与其下属生产组织之间、各生产组织之间以及企业与职工之间在生产经营管理活动中所发生的经济关系。健全和完善经济组织内部的经济关系是保证社会经济关系健康有序发展的前提。为了保证经济组织行为的规范性和有效性，国家有必要通过法律手段对经济组织内部的经济关系进行协调，以达到维护经济秩序和交易安全的目的。这一内容包括经济组织的主体资格类型以及各类型的内部组织管理、财务会计、投资立项、劳动用工、工资制度、奖惩措施和安全管理等。

四、经济法的体系

在整个法的体系中，经济法是一个独立的法的部门，经济法本身又有自己的体系。经济法的体系是由多层次的、门类齐全的经济法部门组成的有机联系的统一整体。从现代市场经济整体运行的要素和过程来分析，调整经济关系的法律体系由以下四个方面构成。

（一）市场主体法

什么样的主体可以进入国民经济领域成为经济关系主体？是任何主体，抑或是符合特定条件的主体？在市场经济条件下，为了满足保护国家和社会公共利益的需要，国家必须对经济关系主体通过制定相应的法律、法规加以限定，明确其应具备的资格、权限、责任等。市场主体法是规定市场主体的设立、组织、活动、解散及其对内对外关系的法。我国现在已经制定的用以调整经济关系主体的法有《中华人民共和国公司法》《中华人民共和国合伙企业法》《中华人民共和国个人独资法》《中华人民共和国中外合作经营企业法》《中华人民共和国中外合资经营企业法》《中华人民共和国企业破产法》等。

（二）市场运行法

市场运行法主要是指调整市场主体在经营过程中与其他市场主体发生的经济关系的法律规范的总称。我国实行的是市场经济体制，任何市场的存在和发展都离不开和谐、有序和稳定运行状态的良好秩序。经济法体系的这部分内容存在的根本目的，就在于通过调整国家在干预市场秩序的过程中所发生的经济关系，对市场秩序进行规范并最终保证良性的市场经济运行秩序。市场运行关系主要包括：调整协作关系的法，如《中华人民共和国合同法》《中华人民共和国票据法》《中华人民共和国证券法》；调整竞争关系的法，如《中华人民共和国反不正当竞争法》《中华人民共和国反垄断法》《中华人民共和国反倾销条例》《中华人民共和国反补贴条例》等；市场弱者保护法，如《中华人民共和国消费者权益保护法》；产品技术质量标准法，如《中华人民共和国产品质量法》《中华人民共和国计量法》等。

（三）国家经济调控法

国家经济调控法主要调整国家在从社会经济长远的、整体的利益出发，对关系国计民生的重要经济因素，实行全局性的调节与控制过程中与市场主体发生的经济关系。国家为使社会总供求与总需求达到平衡，运用宏观经济的间接手段，以经济规律作为运作机制引导经济主体的活动，即宏观调控。宏观调控是现代市场经济的重要组成部分。在社会主义市场经济体制下，政府对经济的宏观调控就是借助政府宏观调控的力量对市场经济运行的调节与控制，从而弥补市场调节的弱点和缺陷，实现引导市场经济健康发展的目的。宏观经济调控关系涉及国民经济运行全过程，内容十分广泛，主要包括财政关系、金融调控关系、国家计划关系、产业关系、固定资产投资关系、对外经济关系等。目前，我国宏观调控法包括以下主要法律制度：《中华人民共和国预算法》《中华人民共和国中国人民银行法》《中华人民共和国价格法》《国有资产评估管理办法》等。

（四）社会分配调控法

随着改革的不断深入，社会发展的脚步越来越快，社会分配问题导致了收入差距在城乡之间、行业之间、地区之间、不同群体之间不断扩大，不能公平地分享改革的成果，已经成为影响社会和谐稳定的重要因素，也为经济的进一步发展设置了阻碍。目前，我国以建设和谐社会为发展目标，一切以人为本，这就要求社会分配问题得到最佳的解决，减少因为社会利益分配不均而产生的社会矛盾与冲突。经济法在这重大的社会问题的解决中扮演着重要的角色。目前，我国的社会分配法由税法、个人收入分配法、非税性收入法以及社会保障法所构成，主要有《中华人民共和国税收征收管理法》《中华人民共和国个人所得税法》《中华人民共和国企业所得税法实施条例》《中华人民共和国增值税暂行条例》等。

五、经济法的原则

经济法的基本原则是经济法所特有的，对经济立法、经济守法、经济执法具有普遍指导意义的基本准则，是经济法理念和价值的具体体现。经济法的基本原则是分析、研究经济法规范和制度的基本原理，也是在经济法的立法和执法中所应遵循的准则。经济法的基本原则是经济法规范和制度之间相互衔接、协调的基础和依据。

（一）资源优化配置原则

资源的优化配置是指资源在生产和再生产各个环节上的合理、有效的流动和配备。把资源优化配置作为经济法的基本原则，是市场经济体制对经济法的基本要求。社会主义市场经济体制就是要使市场在国家宏观调控下对资源配置起基础性作用的市场经济，而在强调市场在配置资源中的基础性作用的同时，不能忽视国家在资源配置中的作用。要在各种经济法律、法规中保证市场在资源配置中基础性作用的充分发挥，实现生产要素和生产关系要素资源的优化配置。同时，要在各种经济法律法规中保障国家宏观调控措施在资源配置中作用的发挥。

（二）社会本位原则

社会本位原则是指经济法在立法时以维护社会公共利益为出发点，使国家适度地干预社会的经济生活。经济法对社会公共利益关系的调整主要是通过对宏观经济关系、微观经济关系、市场关系、社会分配关系和社会保障关系的调整而实现的。经济法要求任何市场主体在进行市场行为时，不能一味地追求自身利益的最大化，而忽视对社会公共利益的关注，否则就要受到法律的追究。

（三）经济民主原则

经济民主是作为经济高度集中或经济专制的对立物而存在的。在经济法领域，经济民主主要强调的是经济决策的公众参与，包括宏观和微观两个方面：在宏观方面，经济民主要求国家对经济进行干预时，应当广泛征求各方意见，协调各方利益冲突，将宏观调控决策建构在充分对话的基础之上，从而保障和促进国家宏观决策的顺利实施，降低社会运行成本；在微观方面，经济民主则体现为国家在充分尊重企业自由的前提下，要求企业建立一套有效的经济民主机制，保障企业职工的民主权利，促进企业的民主化管理。

（四）经济公平原则

经济公平是指任何一个法律关系的主体，在以一定的物质利益为目标的活动中，都能够在同等的法律条件下，实现建立在价值规律基础之上的利益平衡。在市场经济体制中，经济公平主要体现为交易公平。因此，经济公平也就成了市场经济主体进行市场交易的基本追求和基本条件。经济法以经济公平作为其基本原则，表明了经济法对人类文明所揭示的法律价值的认同。在经济法各项制度和具体执法及司法中，都必须考虑市场主体公平竞争的问题，不得违背和破坏市场公平竞争的客观要求。维护公平原则是经济法反映社会化市场经济内在要求和理念的一项核心性、基础性原则。

（五）经济效益原则

经济效益是指经济活动中占用、消耗的活劳动和物化劳动与所取得的有用成果的比较，包括微观经济效益和宏观经济效益。微观经济效益应当符合宏观经济效益的要求，而宏观经济效益又是微观经济效益的总和。提高经济效益是我国全部经济工作的重点和归宿，同时也是国家加强经济立法所要追求的终极价值目标。无论是市场主体法、市场运行法、宏观调控法还是社会分配法，都要把促进和保障提高企业的经济效益及社会效益摆在重要地位。

（六）国家适度干预原则

国家适度干预原则是指经济法作为国家干预经济的法律形式，应当反映国家在多大程度上以什么手段对社会经济生活进行干预才是最为恰当的，这是体现经济法本质特征的原则。经济法是为了认可和规范政府干预经济而产生的一种法律规范。政府适度干预原则，强调经济法应当通过明确的授权，授予政府在一定的权限内对经济运行加以干预，这种干预应当是积极主动的，既不能"过多"，也不能"过少"，而应当根据不同的社会经济发展的需要，限制在"适度"范围之内。经济法只有把适度干预作为自己的原则，才能有效地避免干预的随意性，这个原则贯穿于一切经济法律法规中。例如，银行法中关于控制货币的发行，劳动法中关于促进就业，自然资源法中对自然资源的开发、利用和保护，环境保护法中的同时设计、同时施工、同时投产以及排污收费制度等各项相关规定，无不体现国家对这些领域中关系全局性和社会公共性的社会关系的强有力干预。

第二节　经济法律关系

一、经济法律关系的概念

法律关系是指法律规范在调整人们行为过程中形成的权利义务关系。法律关系是由法律规定和调整的关系，法律关系的产生、变更和消灭是以得到法律认可为前提的。经济法律关系是国家根据经济法律规范在限定市场主体资格、规制市场秩序、进行宏观调控和监管经济的过程中，在经济法主体之间所形成的权利义务关系。

第一，经济法律关系是在经济领域中发生的意志关系。经济法律关系产生于经济领域，主要可归为经济领域的管理关系和协调关系。这一关系体现的是国家意志和当事人意志，而后者必须以前者为依据，不能违背前者的基本内容。同时，后者又是前者的归宿，即国家意志最终是靠当事人意志来实现调整经济关系的目的；没有当事人意志，经济法律关系既不能形成，也不能实现。

第二，经济法律关系是经济法规定和调整的法律关系。由于经济法是经济法律关系产生和其内容得以实现的前提，因此没有经济法的具体规定，该法律关系不能产生，其内容也无法实现。从此种意义上说，经济法律关系也是经济法调整经济关系的必然结果。

第三，经济法律关系是一种具有经济内容的权利义务关系。权利义务是法律关系的核心，法律确认某一法律关系亦是依靠确认权利义务关系来实现的。经济法律关系所体现的权利义务则具有经济内容，即是为了完成一定的经济任务和实现一定的经济目的。权利义务关系的确定是经济法律关系形成的标志，其变更也是经济法律关系变更的依据，其实现也是当事人参与经济法律关系的根本目的。

第四，经济法律关系是具有强制性的权利义务关系。经济法律关系的权利义务一旦形成，即受国家强制力保护，任何一方当事人都不得违背。如果某一方不履行经济法律关系确定的义务，将会受到法律的追究，任何一方的权利受到侵害，都可请求法律的保护。

二、经济法律关系的构成要素

经济法律关系是由经济法律关系的主体、经济法律关系的内容和经济法律关系的客体三个要素构成的。缺少其中任何一个要素，都不能构成经济法律关系。

（一）经济法律关系主体

经济法律关系主体是指在经济管理和协调过程中依法独立享受经济权利和承担经济义务的当事人。享有经济权利的当事人称为权利主体，承担经济义务的当事人称为义务主体。

经济法律关系主体按其法律地位、职能性质和活动范围，可分为以下几类。

1.国家机关

国家机关是行使国家职能的各种机关的通称，包括国家权力机关、国家行政机关、国家审判机关、国家检察机关等。作为经济法主体的国家机关，主要是指国家行政机关中的经济管理机关。国家经济管理机关在国家干预经济运行过程中，主要在市场管理和宏观经济调控过程中发挥重要作用。

2.经济组织和社会团体

经济组织包括企业和其他经济组织，是市场中最主要的主体，是经济法律关系中最广泛的主体。社会团体主要是指人民群众或社会组织依法组成的非经营性社会组织，包括群众团体、公益组织、文化团体、学术团体、自律性组织等。

3.经济组织的内部机构和有关人员

国家通过制定经济法律、法规，对经济组织的内部领导制度和财务、会计等管理问题做出规定，以保障经济发展。经济组织内部担负一定经济管理职能的分支机构和有关人员，在根据法律、法规的有关规定参加经济组织内部的经济管理法律关系时，具有经济法律关系主体的资格。

4.农户、个体经营户和公民个人

农户、个体经营户和公民个人，除了可以参加民事等法律关系，在国家干预经济运行过程中依法同国家机关、企业、事业单位、社会团体等发生经济权利和经济义务关系时，就成为经济法律关系主体。

个体工商户是指公民在法律允许的范围内，依法经核准登记，从事工商业经营的家庭或户。个体工商户的法律特征表现为：个体工商户是从事工商业经营的自然人或家庭，自然人或以个人为单位，或以家庭为单位从事工商业经营，均为个体工商户；自然人从事个体工商业经营必须依法核准登记，个体工商户的登记机关是县级以上工商行政管理机关；个体工商户只能经营法律、政策允许个体经营的行业；个体工商户的债务，在个人经营的情况下，以个人财产承担；在家庭经营的情况下，以家庭财产承担。

农村承包经营户是农村集体经济组织的成员在法律允许的范围内，按照承包合同的规定从事商品经营，以户的形式独立为民事法律行为的一种特殊民事主体，享有特殊的民事权利能力和民事行为能力。它不属于个体经济的范畴，是农村集体经济组织的一种生产经营方式的法律表现。农村承包经营户按照与集体经济组织签订的承包合同从事经营活动，除满足家庭消费外，主要以商品交换为目的。它不必经工商管理部门核准登记，也不能起字号。农村承包经营户的债务，个人经营的，以个人财产承担；家庭经营的，以家庭财产承担。

（二）经济法律关系内容

经济法律关系的内容即经济权利和经济义务。在经济法律关系中，经济权利与经济义务相依而存，具有相对性和对等性。一个经济法主体享有一定权利，必定是以其他经济法主体负有一定义务为前提，没有对应的义务主体时，权利主体的权利便没有保障，是不可能实现的。同时，经济权利和经济义务具有对等性，没有无权利的义务，也没有无义务的权利。权利与义务是统一的，不允许只享有权利不承担义务，也不能只承担义务不享有权利。

1. 经济权利

经济权利是指经济法主体依照经济法律、法规的规定或相互间的约定可以自己为一定行为或不为一定行为，以及要求他人为一定行为或不为一定行为的资格和可能性。经济权利可分为原生权利和取得权利。

原生权利，是指经济权利主体依照经济法律、法规、命令等直接取得的，不必依赖特定义务主体的行为即可行使和实现的权利。这类权利经常表现为权力或经济职权。此类权利是经济权利主体在其组成时即依法获得，它的存在和实行既不必再有别的法律许可或授权，也不必依赖他人的行为，即不必非得有一个特定的义务主体的行为或有一定的具体法律关系，才能体现出来。

取得权利与原生权利不同，是指经济权利主体必须通过参加经济法律关系，通过特定义务主体为一定行为，才能获得的权利。这种权利的实现，必须依赖于义务主体的行为，而且必须是依赖义务主体行为全面、正确地履行，经济权利才能获得。经济合同关系和其他经济债权关系中的权利，都属此类权利。

经济权利主要有以下几类：

（1）财产所有权。财产所有权是所有制的法律表现形式，是民法的一项基本法律制度，现已成为多个经济法律部门的一项共同制度。从静态上看，它是各种经济形式、各个财产所有者的基本权利；从动态上看，它是在经济管理关系和经营协调关系中都涉及的所有权问题。

（2）经营管理权。经营管理权也称经营管理自主权，是经济管理权和财产经营权的统一。经济管理权主要是指对人事、劳动、组织机构等方面的权利；经营权是对财产占有、使用和依法处分的权利，是与所有权相对应的一种财产权。

（3）经济职权。经济职权是国家机关、社会组织以及它们的领导人员、法定代表人等在组织管理经济活动中所依法享有的与本身职务相关的一种特殊的经济权利。这种权利具有一定的行政权力性质，故亦称经济权力。按经济职权的表现形式，经济职权可以分为：计划决策权、组织协调权、检查监督权等;具体包括:审核权、批准权、命令权、确认权、许可权、禁止权、撤销权、免除权、协调权等。

（4）经济债权。经济债一般可分为经济管理债、经济协作债和内部经济债。债本是平等主体间的法律关系，当国家需要运用平等协商的方式确立与企业的关系时，也可在原本非平等主体之间采用债的形式，来实现和完成一定的经济管理任务。经济管理债即属此类，承包经营合同则是此类债最典型的形式。经济协作债的基本形式为经济合同。

（5）工业产权。工业产权主要是指商标权、专利权等，广义的工业产权还包括反不正当竞争中经济法主体所享有的一些权利。

2.经济义务

经济义务是指经济法主体依照经济法律、法规的规定或相互间的约定自己为一定行为或不为一定行为的必要性。

根据权利者和权力者的不同情况，经济义务通常分为以下两类：

（1）一般经济义务。一般经济义务指一般组织或公民依照经济法律、法规规定，必须做出一定行为或不做出一定行为的约束，主要包括守法经营的义务、公平竞争的义务、接受监督的义务。经济法主体承担的一般经济义务主要有:贯彻国家的方针和政策，遵守法律、法规;完成指令性计划;全面履行经济协议和经济合同;依法缴纳税金;不得侵犯其他经济法主体的合法权益等。

（2）特殊经济义务。特殊经济义务指经济管理机关基于其地位与职能，依照经济法律、法规规定，必须履行的职责。主要有政府必须正确行使权力的义务，即政府必须正确行使权力，不得放弃或转让，否则就是失职行为；同时权力的行使必须符合规范，不得超越权限范围，违反法定程序，否则也是违反义务。还有政府应当为市场主体的生产经营活动提供或创造便利条件的义务，包括向市场主体提供信息和咨询、协调经济摩擦、组织劳动就业、培育和完善市场体系、发展和完善公共设施及公益事业等。

（三）经济法律关系客体

经济法律关系的客体是指经济法主体权利和义务所指向的对象，是经济法主体通过经济法律关系所追求的目标。经济法律关系的客体必须是经济法主体能够控制、支配的事物。在不同的社会历史条件下，经济法律关系客体的范围是不同的；经济法律关系的客体必须是国家经济法律允许进入经济法律关系，成为其客体的物或行为；经济法律关系的客体应当是能够直接体现一定的经济效益或是可以借以获得一定的经济利益的物或行为。

1.经济法律关系客体的种类

经济法律关系的客体包括物、经济行为和智力成果。

（1）物。作为经济法律关系客体的物，是指经济法主体能够控制、支配的，经济法律允许其进入经济法律关系运行过程的，具有一定的经济价值和实物形态的物品，以及可充当一般等价物的货币和有价证券。可分为：生产资料和生活资料；固定资产和流动资产；种类物和特定物；可分物和不可分物；动产和不动产；流转物、限制流转物和禁止流转物；货币和有价证券等。

（2）经济行为。经济行为是进行经济活动能发生一定经济后果的行为。作为经济法律关系客体的经济行为，是指经济主体在参与经济法律关系的过程中，为达到一定的经济效益或效用目的，行使其经济职权或实现其他经济权利所进行的各种经济活动，是经济权利和经济义务所共同指向的作为或不作为。作为经济法律关系客体的经济行为，经济行为客体包括实现经济任务或指标、完成工作、履行劳务等。

（3）智力成果。智力成果是智力创造的以一定载体表现的知识成果，如专利、专有技术、技术改进方案、合理化建议、信息、商标、生产经营标记、著作等。它是一种无形财产，一般不具有直接的物质形态，但却是一种可以创造物质财富、提供经济效益的知识成果。作为经济法律关系客体的知识成果应具备如下条件：要有一定的载体；要有一定的现实经济价值；一般要经专门的经济法律、法规确认。根据载体的不同，智力成果可分为一般信息资源和网络信息资源。专利、商标、著作等以"纸面"为载体，为一般信息资源；远程教育、远程医疗、电子商务、电子邮件、虚拟现实等精神产品以网络（无纸化）为载体，为网络信息资源。在当代，信息资源已经成为与物质资源同等重要的资源。网络信息具有高速、广泛传输的特点，使世界形成了没有边界的信息空间。信息资源不是有形体，也不是人的思维活动本身，而是思维成果的一定物化形式。信息资源由潜在的经济价值转化为现实经济价值，由一般物化客体转化为具体经济关系客体时，将成为经济法律关系客体。

三、经济法律关系的产生、变更和消灭

（一）经济法律关系的产生

经济法律关系的产生是指经济法律主体之间形成的经济权利和经济义务关系。经济法律关系总是基于一定的法律事实而产生的。

例如，商业企业和生产单位依照合同法规定签订买卖合同的行为，使它们之间形成买卖合同法律关系，各自享有一定的经济权利和承担一定的经济义务。这种法律关系受到国家法律的保护。

（二）经济法律关系的变更

经济法律关系的变更是指经济法律关系主体、客体和内容的变更。主体的变更既可以是主体数目的增多或减少，也可以是原来主体的改变；客体的变更既可以是范围的变更，也可以是性质的变更；随着主体和客体的变更，相应的权利和义务也随之有所改变。国家为了稳定经济生活，对经济法律关系的变更做了严格的限制，除经双方当事人协商同意和不可抗力事件外，一般不得随意改变，否则要承担法律责任。

（三）经济法律关系的消灭

经济法律关系的消灭是指经济法主体间的权利和义务关系的终止。有两种情况：一种是绝对消灭，就是主体间权利、义务不存在了，如合同得到全部履行；另一种是相对消灭，如履行了部分合同义务，或将义务转移给他人等。

四、法律事实和法律行为

（一）法律事实

法律事实，是指能够引起具体经济法律关系产生、变更和消灭的客观情况。任何法律规范本身不能自动确立法律关系，只有存在被法律规范所规定的事实，才能引起经济法律关系的产生、变更与消灭。这里被法律规范所规定的事实就是法律事实。

根据法律事实的发生是否与当事人的意志有关，法律事实一般划分为事件和行为两大类。

1. 事件

事件指同当事人意志无关的客观现象，或者说是不以当事人意志为转移的客观事实。事件作为法律事实，只限于法律有明文规定的情况。构成法律事实的事件有两种情况：①由自然原因引起的事件，如地震、火灾、雷电、冰雹、海啸、洪水等；②与当事人意志无关的人为事件，如战争、政变等。

2. 行为

行为指人们有意识的活动，或者说是以人们的意志为转移的客观事实。行为根据其是否符合国家法律、法规、政策的要求，可分为合法行为和违法行为两种。

合法行为是指符合法律、法规和政策规定，从而受到国家法律保护，能产生行为人预期法律后果的行为。合法行为还可进一步分为经济合法行为、经济司法行为、公证行为。

违法行为是指法律明文规定禁止的行为，即侵犯其他经济法律关系主体的权利和利益的行为。违法行为是一种法律上无效的行为。

（二）法律行为

法律行为是指公民或法人以设立、变更、终止民事权利和民事义务为目的，以意思表示为要素，依法产生民事法律效力的合法行为。

1. 法律行为的特征

法律行为是法律事实的一种，具有以下特征：

（1）法律行为是以达到一定民事法律后果为目的的行为。这一方面表明法律行为应是行为人有意识创设的、自觉自愿的行为，而非受胁迫、受欺诈的行为；另一方面表明法律行为是行为人以达到预期目的为出发点和归宿的。法律行为的目的性是决定和实现行为的法律效果的基本依据。

（2）法律行为以意思表示为要素。意思表示是指行为人将其期望发生法律效果的内心意思，以一定方式表达于外部的行为。行为人仅有内心意思但不表达于外部，则不构成意思表示，法律行为也不能成立，行为人表达于外部的意思如果不是其内心的真实意思，法律行为原则上也不能成立。

（3）法律行为是具有法律约束力的合法行为。法律行为只有从内容到形式均符合法律要求或不违背法律的规定，才能得到法律的承认和保护，也才能产生行为人所预期的法律后果。否则，该行为不但不会产生行为人预期的法律后果，而且会受到法律的制裁。因此，非法行为不是法律行为，如侵权行为。

2.法律行为的有效要件

法律行为的成立是法律行为有效的前提，法律行为从成立时起具有法律约束力，行为人非依法律规定或取得对方同意，不得擅自变更或解除。但是，已成立的法律行为不一定必然发生法律效力，只有具备一定有效条件的法律行为，才能产生预期的法律效果。法律行为的有效要件分为形式有效要件和实质有效要件。

（1）法律行为的形式有效要件。《中华人民共和国民法典》（以下简称《民法典》）第一百三十五条规定，民事法律行为可以采用书面形式、口头形式或者其他形式；法律、行政法规规定或者当事人约定采用特定形式的，应当采用特定形式。如果行为人对法律规定必须采用特定形式而未采用的，其所进行的法律行为则不产生法律效力。书面形式可分为一般书面形式和特殊书面形式。特殊书面形式主要包括公证形式、鉴证形式、审核批准形式、登记形式、公告形式等。一般而言，书面形式优于口头形式，特殊书面形式优于一般书面形式。

其他形式主要有视听资料形式和沉默形式。根据我国最高人民法院有关司法解释的规定，当事人以录音、录像等视听资料形式实施的民事行为，如有两个以上无利害关系人作为证人或有其他证据证明该民事行为符合《民法典》规定的实质有效要件的，可以认定有效，一方当事人向对方当事人提出民事权利的要求，对方未用语言或文字明确表示意见，但其行为表明已接受的，可以认定为默示。《民法典》第一百四十条规定，沉默只有在法律有规定、当事人有约定或者符合当事人之间的交易习惯时，才可以视为意思表示。

（2）法律行为的实质有效要件。

根据《民法典》第一百四十三条规定，法律行为应当具备下列实质有效要件。

第一，行为人具有相应的民事行为能力。民事行为能力是指法律确认公民、法人或者其他组织能够通过自己的行为实现民事权利、承担民事义务的资格。根据《民法典》的规定，无民事行为能力人，即不满8周岁的未成年人和不能辨认自己行为的成年人，进行的行为不具有法律效力；限制民事行为能力人，即8周岁以上的未成年人和不能完全辨认自己行为的成年人，只能进行纯获利益的民事法律行为或与其年龄、智力、精神健康状况相适应的民事活动，其他民事法律行为应由其法定代理人同意或追认后有效；完全民事行为能力人，即18周岁以上的成年人和16周岁以上不满18周岁但以自己的劳动收入为主要生活来源的公民，可以独立地在其民事权利能力范围内进行民事活动。对于法人而言，民事行为能力随其成立而产生，随其终止而消灭。

第二，意思表示真实。如果意思表示不真实（亦可称为有瑕疵），其法律效力就会受到影响。例如，行为人的意思表示是基于胁迫、欺诈的原因而做出的，则因其不能真实反映行为人的意志而不产生法律上的效力；行为人基于某种错误认识而导致意思表示与内心意志不一致的，则只有在存在重大错误的情况下，才有权请求人民法院或仲裁机关予以变更或撤销；行为人故意做出不真实的意思表示的，则该行为人无权主张行为无效；善意的相对人或第三人可根据情况主张行为无效。

第三，不违反法律、行政法规的强制性规定，不违背公序良俗。不违反法律、行政法规的强制性规定是指意思表示的内容不得与法律的强制性或禁止性规定相抵触，也不得滥用法律的授权性或任意性规定达到规避法律强制规范的目的。不违背公序良俗是指法律行为在目的上和效果上不得损害社会经济秩序、社会公共秩序和社会公德，不得损害国家及各类社会组织和个人的利益。

第三节　经济法律责任

一、经济法律责任的含义及特征

（一）经济法律责任的含义

法律责任是指行为人因违法行为、违约行为或法律规定而应承担的不利法律后果。经济法律责任是指由经济法规定，经济主体违反经济义务时必须承担的法律后果。

（二）经济法律责任的特征

经济法律责任具备法律责任的一般特征，但又有所区别：第一，经济法律责任具有综合性和统一性，即不是指某种单一的法律责任，而是民事责任、行政责任和刑事责任的统一。第二，经济法律责任具有双重处罚性，即对违法人进行经济制裁时也可对直接责任人予以民事、刑事或行政制裁。第三，经济法律责任具有多元追踪性，即有权追究经济法律主体的经济法律责任并实施法律制裁的机关除了司法机关外，还有国家的行政管理机关和仲裁机构。

二、经济法律责任的形式

根据我国有关法律规定，违反法律、法规应当承担的法律责任可分为民事责任、行政责任和刑事责任三种。

（一）民事责任

民事责任是指法律关系主体由于民事违法、违约行为或根据法律规定所应承担的不利民事法律后果。根据《民法典》的规定，承担民事责任的主要形式有：①停止侵害；②排除妨碍；③消除危险；④返还财产；⑤恢复原状；⑥修理、重作、更换；⑦继续履行；⑧赔偿损失；⑨支付违约金；⑩消除影响、恢复名誉；⑪赔礼道歉。

（二）行政责任

行政责任是指国家行政机关或国家行政机关授权的组织依行政程序对违反法律、法规规定的当事人所给予不利后果的法律追究。行政责任包括行政处分和行政处罚。对违反经济法的责任人通常给予的是行政处罚，种类有：①警告；②罚款；③没收违法所得、没收非法财物；④责令停产停业；⑤暂扣或者吊销许可证、暂扣或者吊销执照；⑥行政拘留；⑦法律、行政法规规定的其他行政处罚。

（三）刑事责任

刑事责任是指触犯国家刑法的犯罪人所应承受的由国家审判机关（人民法院）给予不利后果的法律追究。根据《中华人民共和国刑法》（以下简称《刑法》）规定，刑罚分为主刑和附加刑两类。主刑是对犯罪分子适用的主要刑罚，有管制、拘役、有期徒刑、无期徒刑和死刑五种；附加刑是补充、辅助主刑适用的刑罚，有罚金、剥夺政治权利、没收财产。附加刑可以附加于主刑之后作为主刑的补充同主刑一起适用，也可以单独适用。

第二章　经济法中的理念与理论

"经济法是促进发展之法"，这是经济法学界的一个基本共识。为了促进经济和社会的全面发展，经济法必须充分体现各类发展理念，并形成自己的发展理论。任何发展理论都要受到一定的发展理念的影响，而在各类发展理念中，协调发展的理念对于经济法的理论发展和制度建设，对于经济法学的发展理论，尤其具有特殊意义。

基于经济法中的差异性原理，面对各个方面发展的非均衡，加强有效协调非常重要。因此，在经济法理论中，早已形成了"协调"的理念和思想，并且在经济法与其他部门法关系方面，也非常重视经济法与传统部门法的协调，特别是经济法与宪法的协调。此外，经济法领域所关注的协调，涉及经济与社会的协调、经济结构等各类结构的协调、各类经济手段的协调，以及经济法与经济政策的协调，等等。而上述各个方面的协调，都是协调发展理念在不同领域的重要体现，也是经济法学的发展理论应当关注的重要内容。

第一节　经济法中的协调思想

中国经济法理论的发展，与浸润其间的学术思想须臾不可分割。其中，协调思想作为贯穿于经济法诸论的重要学术思想，对于增进学术界的理论共识作用甚巨。目前，在影响较大的几类经济法理论中，尽管多数理论并未冠以"协调"之名，但协调思想都不同程度地蕴含其中。当然，在冠以"协调"二字的"国家协调论"中，协调思想更为明显。事实上，协调思想与经济法的特质密切相关，直接关涉经济法的理论和制度建设，很有深入研究之必要。为了使讨论更加集中，本节将着重基于在经济法学界产生过重要影响的"国家协调论"以及其他经济法理论，来研讨经济法中的"协调"思想及其对经济法研究的启示。

一、对协调思想的基本认识

一般意义上的协调思想，自古有之。只要存在不同的系统、不同的主体及其行为，就可能出现不和谐或冲突，从而就会产生协调的必要性问题。一般说来，协调思想与"体系思想""系统思想"等是紧密相关的，涉及一个体系或一个系统的内部协调或外部协调问题，强调不冲突、不交叉、不重叠，以发挥体系或系统的整体功效。因此，协调涉及整体的功能和效率，涉及整体的系统运行和整体目标实现等诸多问题。协调既是一种手段，也是一种目标。

研究协调思想，通常除了从哲学的角度，还可以从语义分析的角度展开。例如，"国家协调论"认为，"协调"一词，主要有两种含义：其一是"配合适宜"，其二是"使配合适宜"。"国家协调论"中的"协调"，是在动词的意义上使用的，即国家是主体，"协调"是国家所从事的行为。事实上，从经济法的角度来看，无论是经济和社会的发展，还是权力与权利的配置，抑或是经济法的制度体系构建，等等，都离不开国家的协调。当经济和社会发展出现不同步并引发诸多问题时，就需要国家来协调；当权力和权利的配置严重失衡影响法益保护时，也需要国家来协调；当经济法的立法在时间、空间、领域上出现失衡或冲突时，还是需要国家来协调。因此，在经济法领域，协调行为和协调思想是广泛存在的，并且广义上的协调，既可以强调追求"配合适宜"的状态，也可以在"配合不适宜"的情况下，"使其配合适宜"，从而包括了目标和手段、状态和行为两个方面。事实上，在"国家协调论"中，当考虑协调的目标时，也考虑了其"配合适宜"的状态。

上述"一般意义上的协调思想"有助于进一步理解"经济法中的协调思想"。从广义上说，经济法中的协调思想也包括一般意义上的协调思想；从狭义上说，经济法中的协调思想是在经济法理论和制度中所体现出的具有特定经济法意义的协调思想。在经济法研究领域，对于上述两类协调思想都要研究，"国家协调论"就体现了这两个方面的协调思想。

"国家协调论"认为，所谓"国家协调，是指国家运用法律的和非法律的手段，使经济运行符合客观规律的要求，推动国民经济的发展"。据此，在经济法领域，应先从三个最基本的方面来理解"协调"：第一，协调的主体是国家，所以是"国家协调"。目前，经济法的主流观点都主张国家是经济法的重要主体，而且具有主导作用。这是事实，而且在可预见的时期内将长期持续。第二，协调的对象是经济，确切地说，是"经济运行"。因此，协调应当是经济方面的协调，所以是"经济协调"。第三，协调的手段包括法律的和非法律的手段，但主要是法律手段，并且在法律手段中，具有法律形式的经济手段是主要的，即法律化的经济手段（或法律化的经济政策）在国家协调中具有重要地位。

上述"国家协调论"，实际上关注了三类最基本的协调，即国家协调、经济协调和法律协调。这三个方面的协调尽管分别侧重于主体、客体和手段的角度，但相互之间存在着内在联系。

二、协调的目标与利益的协调

在上述国家协调的主体、客体、手段三大问题明确的基础上，需要进一步探讨国家协调的目标，因为其中突出地体现着协调的核心思想。依据"国家协调论"，"协调的目的是使经济运行符合客观规律的要求，推动国民经济的发展"。由此可见，遵循规律、推动发展，才是协调的核心目的。规律作为比人类制定的"规则律例"更高级的法，是人们不能创造的，也是不能改变和消灭的。只有充分遵循所能够认识到的经济规律，并有效利用以法律形式体现的规律，才能使经济运行更加符合客观规律，从而使经济运行更加协调，进而推动经济发展。

依据上述协调目标和协调思想，国家不能不顾规律，恣意干预经济运行，而只能审时度势，"因其势而利导之"，而以规律为圭臬的"因势利导"，本身就是一种有效的协调。国家只有遵循规律，按照体现规律的法律去从事协调行为，才可能更好地实现推动经济发展的目标。

众所周知，发展是当代的主旋律，推动发展是国家协调的核心目标。但对于是否由国家协调以及如何协调，在理论界一直存在争论。特别是自由主义和干预主义、演进主义与建构主义等理论流派，对于国家的作用以及国家协调的成本、效益等认识不同，因而对于国家协调所持的态度也不同。尽管如此，从现实的角度，特别是从反周期的角度看，加强国家协调是各国普遍的选择。

从制度经济学的角度来说，国家协调之所以必要，是因为在交易成本过高的情况下，个体的利益冲突单靠私人个体是很难解决的。因此，国家作为公共物品的提供者，应充当"协调者"的角色。并且，国家协调本身就是在提供公共物品。由于公共物品的提供者应当是无私的、非营利性的，还应具有超然的地位和强大的实力，因而"协调"的任务只能由符合上述条件的国家来承担。

其实，国家协调不仅要关注私人个体的利益冲突，还要解决国家利益与私人利益、国家利益与社会公益之间的冲突。国家利益、社会公益、私人利益涉及不同主体不同层面的利益，都是经济法的调整必须关注的。在经济法中强调的国家协调目标，归根结底要通过利益协调来实现。

利益协调直接涉及法益保护的问题。经济法所保护的利益是多种多样的，只要是经济法规定并予以保护的利益，都是经济法中的法益。因此，"国家协调论"特别强调，经济法所保护的利益，并不限于社会公共利益，还应当包括个人利益、集体利益和国家利益。例如，在国家利益方面，无论是财政利益、税收利益，还是金融利益，都是经济法调整需要有效保护的。只有对各类法益予以均衡保护，经济法的法益保护结构才是更为协调的。如果经济法只保护单一的社会公益，则在基本的私人利益或重要的国家利益得不到保护的情况下，社会公益也难以实现。因此，协调保护各类主体的利益，"实现经济法主体利益的协调发展"，恰恰是经济法宗旨的重要内容。

利益协调直接涉及利益的"量化"问题。对此，"国家协调论"认为，"利益协调"不同于"利益平衡"，经济法主体之间利益关系的"配合适宜"，并不要求经济法主体之间利益的相等、均等或大致均等，而是强调要"各得其所"，这样才能有效保护各类主体的法益，才能结合不同阶段、不同时期的不同情况，有效进行调控和规制；才能兼顾效率与公平，防止片面强调某类主体利益而影响公平，防止片面强调均分或均等而影响效率，从而有助于有效保障市场经济秩序，推进经济与社会的良性运行和协调发展。

三、与系统思想直接关联的协调思想

以上两个部分着重探讨的是"国家协调论"所关注的经济法意义上的国家协调问题。此外，"国家协调论"也关注一般意义上的协调思想，因为它与系统思想是一脉相承的；同时，依循系统思想和系统方法，有助于更好地进行"协调"。

事实上，在经济法领域强调和重视协调，本身也是系统思想的体现。基于系统思想所要求的系统内外的协调，经济法体系作为一个系统，也必须做到内外和谐统一。为此，既要处理好经济法内部的各个部分之间的协调关系，又要解决好经济法外部的协调性问题。

在内部协调方面，对于"经济法体系如何构成"这一经济法本体论中非常重要的基本问题，学术界一直讨论颇多。近年来，学术界普遍将宏观调控法和市场规制法（或市场监管法）作为经济法的核心部分。对此，"国家协调论"以及其他经济法理论均持肯定态度，因为这更有利于经济法结构的内在协调。

在外部的协调方面，过去曾长期备受关注的经济法与民法的协调问题，以及经济法与行政法、商法、社会法的协调等问题，经过多年的研讨，已经日渐明晰。对于经济法和相关部门法的区别与联系，以及经济法的独立地位和价值的认识已经日渐趋同。

与上述的经济法体系的内外协调相关，在经济法的立法、执法、司法等各个环节，也都要重视"协调性"问题。按照协调思想的要求，立法、执法、司法等各类系统的协调性，是衡量经济法的法治状况的一个重要标尺；各类相关系统的协调性是经济法研究应当关注的一个重要问题，它与经济法的功能发挥和目标实现直接相关。

四、协调思想与范畴提炼

依据上述一般的协调思想，以及经济法中"国家协调论"的协调思想，在经济法领域应关注一系列重要范畴的提炼，如协调主体、协调客体、协调手段、协调目的、协调能力等。对于上述范畴，在前面的有关论述中都已有所提及，但还需要深化。对于这些问题的深入研究，有助于推动整个经济法理论的发展。

下面仅选取若干与协调思想密切相关的重要范畴分述如下。

对于协调主体，"国家协调论"强调协调的主体是国家。此外，在整个经济法的主体体系中，"国家协调论"提出了国家协调主体和国家协调受体的主体架构。上述主体的"二元结构"是对主体范畴进行的系统提炼，对于完善经济法主体体系、推进经济法主体理论研究具有重要意义。

对于协调客体，"国家协调论"强调国家协调的客体或对象是经济运行，而并非直接针对相关的企业或居民个人，因此强调协调不是"直接干预"，而是依循规律和法律所进行的一种利益调整。此外，强调客体是经济运行，与我国多年前提出的"国家引导市场，市场引导企业"的思想和政策是内在一致的。鉴于所有的企业都是经济运行的参与者，在宏观调控方面尤其应通过调控经济运行来对相关的市场主体施加影响。

对于协调手段，"国家协调论"强调主要应当运用法律手段以及一定的非法律手段。从传统的法治思想来看，目前还是应当着重关注法律手段。尽管对具体的法律渊源会有不同认识，但那些基本的法律渊源应当是经济法研究应予关注的重要协调手段。当然，这并不排除对"软法"等问题的研究。

对于协调目的，"国家协调论"强调国家协调的目的是"推动经济发展"。应当说，经济发展是国家协调的直接目标，在实现此目标的同时，国家为了推进经济与社会的协调发展，也会关注社会发展等社会目标。因此，在经济法的理论研究和制度建设方面，都会体现社会政策的一些要求，以及经济政策和社会政策的协调要求，从而使经济法在某些方面具有一定的"社会性"。正因如此，"国家协调论"将"推动经济发展和社会进步，以实现经济法主体利益的协调发展"作为经济法宗旨的重要内容，并提出了"协调发展"的范畴。

对于协调能力，尽管"国家协调论"没有过多关注，但从协调主体、协调行为等方面，自然会引出协调能力的问题。协调目标实现得怎么样，与协调能力直接相关。因此，在研究协调主体、协调行为等范畴的同时，还可以进一步关注"协调能力"的范畴，它与经济法的主体理论、行为理论、责任理论等都有密切关联。

此外，协调的重要目标，实际上是提高系统的"协调性"，包括经济发展的协调性、社会发展的协调性或者经济与社会发展的协调性，以及经济法体系的协调性、经济立法的协调性等。由于经济法的各个领域都涉及协调性，因此"协调性"的范畴也值得研究。

与上述范畴密切相关，从法学的角度看，在经济法领域里，还要关注协调权力、协调职责、协调责任等问题。"国家协调论"认为，协调权力应当归属于国家，只有享有协调权力的主体才能成为国家协调主体，行业性中介组织不能成为国家协调主体，但在一定条件下可以成为国家协调受体。此外，有关主体由于享有协调职权，因而也承担着协调职责，而无论是协调职权还是职责，都应该是法定的，同时，在违反法定职责时所应承担的协调责任，也应当是法定责任。明晰协调责任，有助于全面解决经济法的可诉性问题。

另外，"国家协调论"认为，国家协调行为具体包括两大类行为，即宏观调控行为和市场监管行为。这与目前国家强调的政府应具有的"宏观调节、市场监管"等职能是一致的。大量博弈行为的存在，使得国家在从事上述协调行为时，会发生大量的"协调成本"，这些协调成本其实是广义的交易成本的重要组成部分。据此，国家是否应当协调、在什么情况下应当协调，不仅要考虑提供公共物品的必要性问题，还要考虑协调成本的大小。这直接影响到国家的协调能力或财政承受能力，以及国家从事协调行为的具体选择，因而对于具体的经济法制度安排具有重要意义。

以上是基于协调思想，在经济法领域里会形成的一系列重要范畴，这些范畴都涉及协调的问题，是"国家协调论"特别关注的，同时，也给整体的经济法研究带来了许多启示。例如，对于协调主体、协调能力、协调成本等问题尤其需要注意，因为经济法的重要功用就是要使整体的经济运行更加"经济"，因而要降低交易成本或协调成本。同时，为了实现"有效协调"，需要提高国家的协调能力，也需要充分考虑协调受体的博弈，通过对各类主体利益的协调，来推动经济和社会的有效运行与协调发展，实现经济法的调整目标。

五、结论

随着经济法研究的深入发展，学术界应当重视对学术思想的研究。协调思想作为一类重要的经济法思想，在诸多经济法学说中都有体现，贯穿于经济法理论的各个重要领域，在"国家协调论"中体现得尤其突出。尽管"国家协调论"所蕴含的学术思想非常丰富，但协调思想无疑具有重要地位。全面理解其中的协调思想，有助于解决经济法领域的许多理论问题和实践问题，对整个学术界的经济法研究都有重要启示。

本节所关注的协调思想可分为两类：一类是广义上的一般意义的协调思想，另一类是经济法中的"国家协调论"对于"协调"的具体思考，后者是一般协调思想在经济法理论中的一种具体体现。在整个经济法研究中，两类协调思想都需要受到高度重视，并且在"国家协调论"中，实际上也非常重视一般意义上的协调思想。

强调协调思想有助于更好理解经济法的"高级性"，发现经济法调整与其他法律调整的"关联性"，进一步揭示经济法的"现代性"。此外，协调思想在诸多经济法理论中的体现，极大地增进了经济法理论的共识，带动了许多重要的经济法理论问题的解决。因此，全面理解和贯彻协调思想，对于经济法本体论、价值论等诸多认识的深入，对于规范论、运行论等诸多问题的解决，都具有重要意义。

需要进一步说明的是，协调思想给经济法研究带来的许多启示，不仅有助于解决一系列重要的理论问题，也有助于挖掘经济法理论中蕴含的各类重要的学术思想。这对于推进学术进步，促进理论融通，具有重要意义；同时，还有助于推动中国的经济法学派的形成，推进经济法理论向纵深发展。

第二节　"双重调整"的经济法思考

一、问题的提出

经济增长与结构调整密切关联，直接影响经济发展的质与量。片面强调经济增长，必然导致弊端丛生，无法逾越"增长的极限"，使经济发展难以为继。为此，在关注经济增长的同时，还需要适度调整并改变国民经济系统的构造，使经济结构更加优化。由于经济系统的结构决定其功能，经济结构调整是一国需要不断解决的基本问题，具有长期性和永续性，而并非临时性的应急措施，因此无论是否发生金融危机，都要适时地调整经济结构。

经济结构调整离不开有效的经济手段和法律手段。其中，对于经济政策及其政策工具等经济手段，学术界已有诸多探讨，而对于法律制度及其调整手段，相关研究则明显不足。事实上，经济结构调整直接影响到相关主体的权利和利益，故法律手段亦不可或缺；对于各类主体所从事的经济行为，尤其需要经济法加以规范。

可见，在现实的经济生活中，在诸多行业和领域，要实现经济的有效发展，既需要在经济层面不断进行经济结构的调整，也需要在法律层面加强经济法的调整，从而形成"经济结构调整与经济法调整共存""政策性调整与法律性调整同在"的格局，由此便提出了值得关注的"双重调整"问题。

上述的"双重调整"，与经济、社会、政治、法律领域的诸多复杂问题直接相关，是一个跨越宏观、中观与微观各个层面，涉及发展经济学、发展社会学、发展政治学和发展法学等方面的问题，贯穿于一国经济发展的始终，直接决定一国的经济能否稳定增长和健康发展。但出于诸多方面的原因，对于"双重调整"问题的系统、综合探究尚待深入，尤其需要从经济法的视角展开思考和探讨。

本节认为，经济结构调整有赖于经济法的有效调整，必须处理好政策性调整与法律性调整的关系，解决在"双重调整"过程中普遍存在的"重政策而轻法律"的问题。为此，需要加强经济法的规范结构和立法结构的调整，解决"双重调整"的重要经济法问题，从而提高经济结构调整的法治化水平。

依循上述思路，本节试图说明：提高经济结构调整的法治化水平，是经济法学乃至整个法学领域的新的重要命题。国家层面的经济结构调整行为作为一种宏观调控行为，涉及调控主体和调控受体的诸多权责问题；只有引入和强调经济法的调整，才能确保结构调整行为的规范性，才能更好地保护相关主体的合法权益，在促进经济稳定发展的同时，保障社会公益和基本人权，实现经济法的调整目标。

二、经济结构调整有赖于经济法的有效调整

经济结构调整与经济法调整，分属于不同的类型和层面。从总体上说，经济结构的调整有赖于经济法的有效调整，并且，后者对于确保前者的合法性和有效性具有重要价值。透过调整经济结构过程中所采取的诸多措施，

我们可以更加清晰地发现两者之间的内在关联。

一般说来，经济结构包括产业结构、投资结构、消费结构、分配结构、地区结构等。这些多层次、多类别的结构之间存在着复杂的关联，涉及社会、政治、法律等诸多领域，直接影响经济、社会的稳定发展和国家的长治久安。自2008年全球经济危机爆发以来，我国十分重视上述结构的调整，力图解决各类结构失衡或发展不协调的问题。例如，在产业结构方面，我国提出了"十大产业"的调整和振兴规划；在消费结构方面，我国强调要提高国民的消费能力，不断扩大内需，并实施了"家电下乡"等诸多措施；在分配结构方面，我国基于国家、企业和个人在分配比例上的失衡问题，以及在个人分配领域的分配不公问题，也采取了调整经济政策等多种措施；在区域结构方面，我国为了解决区域发展的不平衡以及城乡二元结构等问题，也发布了一些促进区域发展的规定等。

上述调整经济结构的诸多措施，已大量体现为政策和法律措施的并用，直接对应于法律上的权益结构。因此，对于经济结构调整不能仅从经济角度来理解，还需要从法律层面来认识。要确保经济结构的调整能够遵循法定的实体和程序规则，实现对相关主体合法权益的保护，就离不开经济法的有效调整。

经济结构调整之所以有赖于经济法的有效调整，是因为经济法调整对经济结构调整会产生重要的影响或反作用，能够为经济结构的调整提供重要的法律保障，有助于促进经济结构调整目标的实现。从现实情况看，经济结构调整具有突出的政策性，而经济法调整具有突出的法律性。由于经济结构调整涉及各类主体的权利、利益，需要解决好政策与法律的关系，因此经济结构调整离不开经济法的全面规制和有效调整。

经济法的有效"调整"，包括两个方面：一方面，经济法要对相关的经济关系做出调整；另一方面，经济法制度也需要在经济结构调整过程中相应地做出改变，并为经济结构调整提供法律前提和制度基础，这也是各国注重加强经济结构调整立法的重要原因。与此同时，还要强调经济法调整的"有效性"。由于调整经济结构的目的是提高经济运行的效率和效益，因此经济法的调整也必须符合"绩效原则"，即通过促进经济结构的优化，确保结构调整目标的实现，从而促进经济的良性运行和协调发展。

此外，经济法的有效调整还具有突出的"规制性"，即具有把积极的鼓励促进与消极的限制禁止相结合的属性。这与经济结构调整所体现出的政策性是内在一致的。例如，产业结构的调整，就涉及强制性与任意性、约束性与引导性。全面把握经济法调整所具有的规制性，有助于更好地理解和解决经济结构调整的法治化问题。

三、"双重调整"显现的突出问题

虽然经济结构的调整有赖于经济法的调整，但从目前的情况来看，在经济结构与经济法的"双重调整"过程中，却存在着"重政策而轻法律"的问题，即调整经济结构的各类经济政策，如财政政策、金融政策、产业政策、外贸政策等受到高度重视，而与之相应的立法和执法却较为滞后，导致经济结构调整的法治化水平相对较低。如前所述，经济结构的调整本属经济问题，但由于其涉及相关主体的产权变动和利益调整，因此必须依法明确相关主体的权利、义务和责任，尤其应当对政府的宏观调控权做出法律限定。但目前许多领域的立法或尚付阙如，或级次较低，导致政策的主导作用更为突出。

对于经济结构的调整不仅应从经济层面、政策层面予以关注，也要从法律层面特别是经济法层面加以审视，重视经济法在经济结构调整中的作用。要提高经济结构调整的法治化水平，就必须摆正政策与法律的位置，加强立法，提高立法级次和立法质量，同时还应加强执法，真正做到有法必依。而无论是立法还是执法，都与经济法自身的结构调整直接相关。

四、"双重调整"与经济法的结构调整

要解决上述"双重调整"所显现的突出问题，需要对经济法的结构做出适度调整，尤其应当对经济法的规范结构和立法结构加以优化。其中，经济法的规范结构，侧重于经济法规范的内在构成，包括经济法的主体结构、权力结构、责任结构等；而经济法的立法结构，侧重于经济法立法体系的内在构成，包括经济法性质的法律、法规、规章等。经济法的上述两类结构密切相关，其中，规范结构的调整要通过立法体现出来，并影响立法结构的变化；而立法结构的调整会对主体结构、权力结构等诸多结构的调整产生影响。为此，应当关注经济法的规范结构和立法结构所构成的"双重结构"，并对其进行适当调整。

在经济法的规范结构中，从主体结构来看，经济结构调整涉及两方面的主体：一方面是调整经济结构的主体，主要是政府及其职能部门；另一方面是处于某类经济结构中并需接受结构调整的主体，类型较为复杂，主要是市场主体。在不同的经济结构中，虽然具体的主体组合各不相同，但大略都可以分为上述两类，从而形成主体的"二元结构"。

事实上，在产业结构、投资结构、消费结构、分配结构等各类特定的经济结构中，都蕴含或对应着特定的"规范结构"。通常，规范结构的调整会直接影响经济结构的调整，而经济结构的调整也必然涉及特定的规范结构。

在宪法以及经济法的体制法层面，都可能涉及市场主体的产权保护问题，以及不同级次的政府及其职能部门的权力行使问题等。只有在经济法中解决好各类结构性问题，不断地完善其规范结构，才能更好地进行经济法调整，实现经济结构调整的目标。

经济法规范结构的调整和完善，有助于发挥经济法系统的功能，提高经济结构调整的法治化水平，为经济结构的优化提供坚实的法律基础和保障。而上述规范结构的调整也需要立法结构的优化，包括立法层次的提高、渊源体系的完善、法律规范数量比例关系的适当等，这样才能更好地解决"双重调整"中的重要经济法问题。

五、"双重调整"中的重要经济法问题

无论是经济结构与经济法的"双重调整"，还是经济法自身结构的"双重调整"，都要解决一系列重要的经济法问题。这些问题包括宏观调控权与市场主体诸多权利的配置问题、各类主体权益的保护问题、结构调整制度的实施问题、经济法各个部门法的协调问题，以及经济法的立法结构的协调问题等。研究这些问题，有助于更好地解决在经济结构调整过程中存在的"重政策而轻法律"的问题。

所有的经济结构调整都与特定的体制相关。例如，产业结构涉及计划体制或具体的产业管理体制，投资结构涉及投资体制、金融体制，分配结构涉及整体的分配体制，特别是财政体制、税收体制。而上述体制的形成都与现行的法律制度，特别是与经济法中的体制法直接相关。各类经济结构调整，都受制于一定的管理体制。体制是否优化，往往直接关系到经济结构是否优化。因此，恰恰需要对某些管理体制做出调整和改革，重新调整相关经济法主体的权限。

与以上问题直接相关的，是经济结构的调整权问题。在整个政权体系中，哪个机关或机构享有哪类具体的经济结构的调整权，享有哪些方面的调整权（如产业结构调整权、投资结构调整权），必须在法律上加以明确。

各类调整权在国家层面往往具体体现为一定类型的宏观调控权，如产业调控权、投资调控权等。这些类型的调控权与经济调控权、金融调控权

相比，似乎在层次上不那么"宏观"，但却比后两类宏观调控权更"综合"；它们在综合性上类似于计划调控权（因而可以把它们放入广义的计划调控权之内），但又比狭义的计划调控权稍微"微观""具体"一些。对于上述各类调控权，还需做更为深入的研究。特别是分配结构调整权、区域结构调整权等，往往需要多种类型的宏观调控权的配合运用，才能实现相应的目标。

与结构调整权密切相关的，是市场主体等各类主体的诸多具体权利，如投资权、消费权、分配权等。在结构调整的过程中，如何公平地保护各类主体的各类具体权利，是需要特别关注的且不应忽视的重要问题。

为了解决上述问题，有效限定结构调整权，充分保护各类主体的具体权利和合法权益，还应注意综合运用各类具体的经济法制度，来实现各类经济结构的优化。例如，在消费结构的调整方面，要扩大居民消费，除了采取政府补贴等措施，还应依法加强消费者权益保护，整顿和规范市场秩序，保障食品和药品安全，同时发展消费信贷。上述各类措施涉及财政法、消费者权益保护法、产品质量法、竞争法、金融法等多个经济法领域，只有协调运用上述各类经济法制度，才能更好地实现调整消费结构的目标。又如，在分配结构的调整方面，要提高居民收入在国民收入分配中的比重和劳动报酬在初次分配中的比重，使城乡居民收入增长、劳动报酬增长与经济增长相协调，就必须扩大中等收入者的比重，努力形成"橄榄型"收入分配结构。这不仅关系到经济法主体的收入能力和消费能力，还涉及整体上的收入分配问题，需要财政法、税法、证券法等多种经济法制度以及劳动法、社会保障法等社会法制度的综合调整。

上述各类经济法制度的协调，尤其应体现在具体的经济法措施的协调上。例如，我国为应对金融危机和调整经济结构而出台的"十大产业"的调整和振兴规划，就规定了需要相互协调的一系列重要措施，包括财政补贴、出口退税、优惠贷款等。这些具体措施的协调，与前述的体制、结构调整权以及各类主体的具体权利等直接相关，是协调各类经济法制度的核心内容。

六、结论

经济与社会的良性运行和协调发展，既需要经济结构的调整，也需要经济法的调整，从而构成不同层面、不同性质的"双重调整"。经济结构调整有赖于经济法的有效调整，但我国在进行"双重调整"的过程中，存在"重政策而轻法律"的问题，对于部分具体的经济结构的调整实践产生了负面影响，因此，不断提高经济结构调整的法治化水平，是一个长期的、重要的任务。要确保经济结构调整的有效性和合法性，就需要对经济法的结构进行适度调整。而无论是经济法的规范结构的调整，还是经济法的立法结构的调整，对于解决经济结构调整过程中的重要经济法问题都非常重要。只有切实进行经济法结构上的"双重调整"，改善政策性调整与法律性调整这一"双重调整"中的内在结构，才能增进经济法调整的有效性，更好地实现经济结构调整的目标，促进经济的有效发展；才能提高经济结构调整的法治化水平，确保结构调整的公正性和合法性。

本节所讨论的"双重调整"其实体现为多个层面，在经济领域里普遍存在的经济结构调整与经济法调整，是最基本的、贯穿始终的第一个层面的"双重调整"。在上述的"双重调整"过程中，普遍存在着政策性调整与法律性调整失衡、法律性调整被弱化的问题，这构成了需要关注的第二个层面的"双重调整"。为了解决上述"重政策而轻法律"的问题，需要完善经济法的结构，尤其需要对经济法的规范结构与立法结构进行从内容到形式的调整，这是第三个层面的法律上的"双重调整"。上述三个层面的"双重调整"密切关联、牵涉甚广，需要学术界进行更为深入的研讨。

在经济系统和法律系统中，经济结构的调整与法律结构的调整始终是一个基本的、持续的问题。无论是哪类结构的调整，都需要从系统的、全局的高度，来关注内在结构的合理性；而要判断某类结构是否合理，则需要进行结构分析。结构分析作为一种重要的系统分析方法或整体主义分析方法，对于经济法研究具有重要价值。事实上，在"双重调整"的过程中，只有在系统中把握结构，在结构的基础上把握调整的方向和力度，整体上的调控才可能成功。

此外，结构分析之所以重要，还与经济法中的差异性原理直接相关。从现实情况看，主体的能力（如消费能力、分配能力、产业竞争能力、区域发展能力）、主体的权益、主体的规模等都存在着差异，并会对经济结构的平衡与优化产生直接影响。而结构失衡正是结构调整或结构优化的重要前提和基础。如果能够基于现实经济生活中普遍存在的差异性，以及由此引发的结构失衡和劣化等问题，展开有效的结构分析，则对于全面解决各类具体的结构问题无疑更有效率。

与上述的差异性直接相关，经济法在调整过程中所体现出的规制性尤其值得关注。事实上，现实的差异性和结构优化的必要性，需要经济法规范具有规制性，以充分发挥其"促进法"的功能。从经济法理论上说，差异性原理与规制性原理都是在研究"双重调整"问题时需要关注的重要原理，把握上述原理不仅有助于更好地指导经济法的实施，有效地实现经济结构调整的目标，而且有助于推进经济法理论向纵深发展，全面提高经济结构调整的法治化水平。

第三章 经济法中的市场秩序法律

第一节 竞争法律制度

一、竞争法概述

（一）竞争法的规制对象

市场经济属于一种特殊的竞争经济，相应的竞争机制不可缺少。但是，经济现实表明，作为竞争的伴生物，反竞争的现象总是存在。一般来说，反竞争包括三方面的行为：垄断竞争、限制竞争和不正当竞争。简单来说，垄断是经营者在经营中通过不断扩大自身经营规模的方式来完成对市场的主观控制，将市场资源独占到经营者手中。限制竞争为单个经营者或者几个经营者联合，利用其自身的市场去损害其他竞争对手的利益。不正当竞争为经营者在市场竞争中，采取违背信用或者商业惯例的手段参与竞争。相比之下，垄断和限制竞争性质基本相同，属于一种逃避竞争的方式，而不正当竞争则是一种过度竞争方式。

（二）竞争立法模式

从多方面因素分析各个地区对竞争立法中的法律调整，尽管每个国家或地区选择的立法模式不相同，不过综合分析可以分为以下几种类型。

一是法群式，在立法中注重对反垄断竞争的治理，以美国为代表，在其颁布的《保护贸易和商业免受非法限制和垄断之害法》中，明确提出了对竞争的规定，可以说这也是世界范围内的第一部竞争法。之后，美国独具特色的竞争法就此形成了一个完整的体系，主要内容为反垄断或者是限制竞争，也有一些关于不正当竞争的内容。

二是分立式，针对垄断和不正当竞争提出了两方面的内容，将反垄断法和反不正当竞争法进行两方面分析。即分别制定法律调整垄断（或限制竞争）和不正当竞争，形成形式意义上的反垄断法（或反限制竞争法）和反不正当竞争法。这以德国、日本为代表，流行于大陆法系内。德国1896年制定《反不正当竞争法》，1957年出台《反限制竞争法》；日本1934年制定《不正当竞争防止法》，1947年颁布《禁止私人垄断及确保公正交易法》。

三是合并式（一元式），即只制定一部法律调整三类行为，形成形式意义上的二法一体。在名称上，有的直接以反不正当竞争法命名，如匈牙利1990年颁布《禁止不正当竞争法》；有的以其他命名，如我国台湾地区1991年颁布《公平交易法》。合并立法多发生在竞争立法较晚的国家或地区。

另外，法国、意大利等国的情况较特殊，一则立法较晚，二则因加入有关国际公约和欧盟组织，受形势所迫而制定的竞争单行法突出反垄断，而有关反不正当竞争的内容则分散规定在民商法典、知识产权法等立法中，有人称之为分散式立法模式。

上述竞争立法模式以分立式和合并式两种情形具有示范意义，为各国仿效。两相比较，各有优劣。分立式立法的优点主要有:（1）立法目的明确；（2）立法内容界限清楚;（3）操作相对容易。合并式立法的优点主要有:（1）突出"两反"共性，使两法合为一体，不致分别归属;（2）有利于发展中国家反垄断的需要，反垄断的任务并不多，立法在于防范;（3）有利于加强反不正当竞争的力度，发挥行政执法作用。

我国在竞争立法上经历了一个曲折发展过程，1993 年制定出台了《中华人民共和国反不正当竞争法》(以下简称《反不正当竞争法》)，共 5 章 33 条，在"不正当竞争"名义下，同时规范了各种典型不正当竞争行为和一些垄断(或限制竞争)行为。很显然，这部立法受到合并立法的一定影响。之后，我国将"反垄断"列入立法规划，采取分立式立法体例。历经 14 年，《中华人民共和国反垄断法》(以下简称《反垄断法》)于 2007 年 8 月 30 日由第十届全国人大常委会第二十九次会议通过，共 8 章 57 条，规定了协议垄断、滥用市场支配地位、经营者集中、行政垄断等行为，以及反垄断法的规制措施和法律责任等内容，它将由《反不正当竞争法》调整的有关垄断(或限制竞争)行为纳入自身的调整范围。该法自 2008 年 8 月 1 日起施行，之后《反不正当竞争法》也有必要修订，最后形成两部法律并立，分别规范不正当竞争和垄断行为。

（三）反不正当竞争法与反垄断法的关系

反不正当竞争法和反垄断法一样，都是竞争法体系中的两个基础性内容，从不同类型的竞争来分析其具体的内容，然后采取相应的法律来保证市场竞争的公平公正，让市场竞争机制能正常发挥作用。尽管二者属于不同的方向，但是在竞争法领域来看，具有较大的区别，同时也有一定的联系。

1. 区别

在法律对象上的区别。理论上来说，反不正当竞争法规范不正当竞争，禁限过度的竞争行为；反垄断法主要是针对垄断和限制竞争，避免逃避竞争和消灭竞争的行为。

立法目的、保护对象和法律地位上的区别。反不正当竞争立法的目的在于制止竞争过程中破坏竞争秩序的内容，保证市场竞争的公平公正，从其保护对象上来看，主要是针对地方性的龙头企业或者是大型企业，保证这些企业的利益，并且与相关的民事法律相联系。反垄断立法的目的主要是制止垄断行为，避免市场竞争的公平性受到冲击，避免由于经营者的个人行为破坏整个市场的稳定性，保护对象主要是针对刚进入某些区域的新兴企业或者中小企业，能促进公共利益的发展，也能在一定程度上保证区域经济的稳定性。

两部法律在对象上选择了不同的否定态度，很多地方以是否符合商业竞争中的道德要求来关注竞争行为，对不正当竞争的治理一般都是从根本上完成的，不允许出现例外内容。相对来说，反垄断法更多的关注竞争行为本身对经济的影响，即竞争行为是否会影响到区域经济，从这一角度来判断是否违反法律，允许例外内容的出现。

2. 联系

两部法律从立法形式上来看可以合并为一部法律，也就是一部法律中能兼容这两方面的内容。这并非是首创，很多国家和地区都已经按照这一形式完成了竞争法立法。

执法机构上的联系。很多国家和地区的竞争法执法机构都是同一家机构，可以有专门的委员会来处理反垄断和反不正当竞争的行为。

规制内容上的联系。尽管二者并非是从同一个角度来立法，但是在其内容上会有一些交叉之处，并没有固定的接线分割。在法律的实践中，也有两种法律性质都能出发的行为，可以两部法律相互配合，共同完成规制。

二、反不正当竞争法律制度

（一）不正当竞争的法律界定

1. 不正当竞争的一般界定

不正当竞争的一般界定，就是给不正当竞争概括性地规定一个一般条款或者定义性条款。这源于德国和《巴黎公约》。德国 1909 年发布的《反不正当竞争法》第 1 条规定，不正当竞争是 "在商业交易中为竞争目的而违反善良风俗的行为"。《巴黎公约》在 1900 年文本第 10 条之二中指出："在工商业活动中违反诚实惯例的任何竞争行为，构成不正当竞争行为。" 我国《反不正当竞争法》第二条规定："经营者在市场交易中，应当遵循自愿、平等、公平、诚实信用的原则，遵守公认的商业道德。本法所称的不正当竞争，是指经营者违反本法规定，损害其他经营者的合法权益，扰乱社会经济秩序的行为。"

分析国内外在这一立法上的发展以及法理内容，可以对不正当竞争给予一个明确的界定，即在市场正常交易中，经营者违背信用原则和商业道德，做出了有损其他经营者或者消费者利益的行为，影响到了市场经营秩序，需要依法追究其法律责任。

对不正当竞争的深入理解需要从以下四点来分析。

第一点，不正当竞争本身就是经营者在经营的过程中以竞争为目的做出的行为，这也代表了其存在商业竞争特点。

正当竞争和不正当竞争都是经营者为了达到预期的目标而采取的竞争行为，差别在于正当竞争的经营者采取的为正当的商业手段，如技术研发、提高服务质量、形成品牌效应等手段。相反，不正当竞争是经营者在竞争中采取不当的手段，甚至是不择手段，利用他人的竞争优势，或者是打击他人的竞争优势，从非法的角度来获取竞争优势等，达到竞争的目的。

把握不正当竞争的商业竞争性，须注意两个问题。

问题一：如何理解经营者和市场交易？

这一问题的答案需要从不正当竞争的主体和范围角度入手。在《反不正当竞争法》明确提出不正当竞争的行为主体为经营者。经营者是 "指从事商品经营或者营利性服务的法人、其他经济组织和个人"。

其一，经营者的表现形式。包括三种情形：①法人（组织体）形式，包括三类法人，即企业法人、事业单位法人和社会团体法人。能够作为经营者的主要是企业法人，在我国包括私营公司（企业）、国有企业、集体企业和外商投资企业等。事业单位和社会团体一般不能从事商品经营活动，能够作为经营者的事业单位法人是展开企业化经营，按照法律规定的要求，展开经营活动的事业单位，能够作为经营者的团体法人，从事营利性活动，并且能依照法律获得经营资格的社会团体。②非法人（组织体）形式，不具备法人资格，可以依法从事营利性活动的社会组织，包括合伙企业、独资企业等。③个体形式，即"个人"，依法经营的自然人，如个体工商户。

其二，经营者的行为特征。《反不正当竞争法》中关于这一内容进行了明确的概念界定，商品经营是以营利为目的展开的商品交换活动，营利性服务也就是以营利为目的，提供劳动服务的经营活动。其实，从行为特征讲，凡从事市场交易活动的人都是经营者，而市场交易包括多方面的经营活动，可以为自己也可以为他人的经济目的而展开的经营活动，整体范围较广，并非是在封闭角度下完成的。自由职业者活动、行政部门活动等都算作经营者。非法经营者不具备经营资格，但是由于这部分主体进入到市场中，展开交易活动之后，也可以算作不正当竞争的行为主体。

问题二：如何理解竞争目的？

对于不正当竞争，在过去的立法和学理认识上要求行为主体与被侵害者之间要具有（显性或直接的）竞争关系，如果行为人和被害者产生经济活动的领域不同或者没有关系，则其行为就不会被认定为不正当竞争。虽然，针对特定竞争对手和非特定的同业竞争对手开展商业活动，是通常的情形，但是随着社会经济的发展和科技的进步，企业的规模化、多元化经营日益成为事实，市场竞争的范围更加广泛，局限于相同领域和相关领域来认定具有竞争关系，认为不相关的行业或领域的企业之间不存在竞争关系，并不可取。其实在市场经济环境中，竞争越来越具有普遍的意义。从各个国家和地区的立法和执法效果来看，不正当竞争中行为人与被侵害者之间的共同领域或者联系领域也有所改变，即使是在无关领域，非法获得他人的商业成果，影响到了他人的商业发展机会，也算是不正当竞争。世界知识产权组织（World Intellectual Property Organization，WIPO）在 1996 年发布的《反不正当竞争示范法》中指出，"凡在工商业活动中违反诚实惯例的任何行为即构成不正当竞争行为"，去掉了《巴黎公约》1900 年文本中的"竞争"二字，不再强调（显性或直接的）竞争（关系）。

第二点，不正当竞争是经营者违反了信用原则和商业道德，这也是和不正当竞争的本质。

诚信原则要求经营者在权利的行使和义务的履行上，需要用诚信的态度，在经营活动中不能有欺诈或者侵权的行为。这一原则的内容较为广泛，涵盖了大多数民事或者经济活动中需要遵循的基本原则。商业道德主要是在各样活动中由于长期的行业发展和经营实践，形成的一种约定俗成的习惯。这一习惯被所有参与活动中的人所认可和遵守，例如公平买卖、货真价实等。这些并非是明确的规定，但是是一种不成为的习惯内容。

《巴黎公约》作为第一个反不正当竞争的国际公约，对不正当竞争做出了经典性定义，"凡在工商业活动中违反诚实之惯例的竞争行为即构成不正当竞争行为"，其入手点就是信用原则。德国立法也明确指出，不正当竞争是一种违背善良风俗的行为。从我国到国际范围内都遵循这两部法律中对不正当竞争做出的内涵界定。在一些没有专门立法的国家，在出现了不正当竞争的个案时，也会根据诚信原则和商业道德来进行判定。

我国法律提出"经营者在市场交易中，应当遵循自愿、平等、公平、诚实信用的原则，遵守公认的商业道德"。

第三点，不正当竞争损害其他经营者的利益和消费者的利益，影响市场经济秩序，具有一定的社会危害。

对于其他经营者的利益侵犯，可以从几方面来分析，包括竞争对手、同行业经营者以及不同行业经营者。

损害了消费者的利益，主要是在如今的市场竞争环境下，消费者也不能脱离竞争的氛围，成为经营者争相抢夺的对象，不正当竞争会损害到消费者的利益，采取不正当的竞争手段，让消费者表面上看是获利，但是实际上却损害了消费者最终的利益。

影响市场经济秩序，主要是不正当竞争中，经营者违反市场规则，影响市场竞争的自由，采取一些投机取巧的不正当行为，破坏了市场秩序，如果不加以禁止，会影响到整个市场结构，也会影响市场的平稳运行。

第四点，不正当竞争需要追究经营者的法律责任。

不正当竞争具有一定的社会危害性。这表明它是违法行为，因此需要追究行为人的法律责任。

2. 不正当竞争的具体界定

不正当竞争的具体界定，就是要列举出各种不正当的行为，针对不同国家法律规定的不同，会有不同的范围界定。《巴黎公约》列举了混淆、误导、诋毁三种典型不正当竞争行为，后来 WIPO 在《反不正当竞争示范法》中又增列了侵犯商业秘密行为、不正当地利用他人成果的行为、比较广告等。

我国现行《反不正当竞争法》通过专章规定了不正当竞争的具体表现形式，包括 11 类行为：①欺骗性市场交易行为，又分为假冒他人注册商标，仿冒知名商品特有的名称、包装、装潢，假冒他人企业名称或姓名，商品质量的虚假表示；②公用企业限制竞争行为；③滥用行政权力行为；④商业贿赂行为；⑤虚假宣传行为；⑥侵犯商业秘密行为；⑦低价销售行为；⑧附条件销售行为；⑨不正当有奖销售行为；⑩诋毁竞争对手行为；⑪串通招标投标行为。

上述列举的不正当竞争涵盖了各国所确认的比较典型的不正当竞争行

为，但也涉及一些垄断或限制竞争行为，如公用企业限制竞争、滥用行政权力、附条件销售、串通招标投标等。目前，我国《反垄断法》已经出台，这些垄断或限制竞争行为已被纳入其调整范围之中。因此，依照一般界定，并吸收国外和国际的立法经验，对不正当竞争行为类型可具体界定为：①商业混淆行为，是以侵害他人商业标志造成商品（服务）混淆为特点的，一种传统而典型的不正当竞争行为。在我国现行立法中，包括了假冒他人注册商标、仿冒知名商品和假冒他人企业名称或姓名等。②商业误导行为，是经营者对自己及其商品（服务）进行引人误解的商业陈述。在我国现行立法中，包括了虚假宣传（或广告）行为、商品质量的虚假标示行为等。③商业诋毁行为，是经营者对他人及其商品（服务）进行贬损的商业陈述。④侵犯商业秘密行为。⑤商业贿赂行为。⑥商业利诱行为。⑦其他行为。如不当利用他人成果的行为（包括淡化、模仿）、不当营销（如传销）行为等。

（二）各种典型不正当竞争行为

1. 商业混淆行为

商业混淆行为，又被称为欺骗性交易行为，主要是经营者对他人特殊的商业标志进行不当利用，或者是仿冒，让消费者会将自己商品和他人商品相混淆，然后从中得到交易机会和经济利益。

商业混淆行为的主体行为人是不当使用他人标志的经营者，在实际中，经常是一些中小企业。这些经营者本身的企业规模较小，经济基础较弱，在市场中并没有竞争优势，极易被市场淘汰，因此会选择这一手段来在市场竞争中保有效应的销售额度。而受到商业混淆行为影响的一般就是知名企业品牌，这些品牌较为常见、销量较好，并且和自身企业具有经营关系在，这些大型企业的商品已经成立了自己的品牌，也得到了消费者的广泛认可，消费者在消费中也更多地选择这些品牌。当然，混淆行为的构成并非以行为人与权利人之间存在直接的竞争关系为限。

从客体看，商业混淆行为影响到了他人的商业标志和基本权益。一个商品的商品标志是这个商品特有的内容，也是不同于其他商品独有的地方，一般用于区别经营者和其他商品之间的差异的直接表现。根据 WIPO 的解释，商业标志是向消费者传递商品信息的一种特殊方式。1996 年 WIPO 推出的《反不正当竞争示范法》中列举了商业标识的范围，包括六种典型的商业标识形式，即商标、商号、商标或商号以外的商业标识（如某种风格的商业象征、徽章、标志、标语等）、商品的外观、商品或服务的表述或表示（尤其包括广告）、知名人士或众所周知的虚构形象。

2. 商业误导行为

商业误导行为是进行虚假宣传而产生的误导公众的行为，严重者产生商业欺诈，一般商业误导行为需要有一定的载体，对商品的各项信息用一种容易引起他人误会的方式进行阐述，让他人对此产生误解。

商业误导行为需要有行为人、受到误导影响的消费者和相关经营者，受到商业误导行为的内容可以包含商品的各项信息，包括价格、质量、性能、产地、服务等各项内容。一般产生商业误导都是通过一定的载体来完成的，借助广告、产品包装或者是其他方面来产生误导。误导事实认定主要是经营者对商品信息的表述不符合实际，其中带有会引起他人误解的内容，一般以消费知识和交易常识为标准加以认定。

商业误导不同于商业吹嘘。在市场竞争条件下，商业吹嘘是难免的现象，比如有些广告语使用文学夸张手法。基于其不具有误导效果，法律对此并未严格禁止，而是采取容忍态度。

欺骗、欺诈与误导尽管在词汇上有所联系，但是其内在含义并不同，理论上可以将欺骗和欺诈作为一种严重的误导行为，和一般的误导行为相比，需要严肃惩处。二者都能让人产生误解，甚至是发生事实上的失误，但是欺骗、欺诈更多的是指行为人主观上故意，对商品信息的阐述存在重要的隐瞒和虚假情况。误导更多的是无意间或者是客观存在的内容，只是对商品信息的一般隐瞒。

3.商业诋毁行为

商业诋毁行为，又叫商业诽谤，通过发布一些不实言论，或者是散布一些虚假事实，也可能本身是事实但是用一种让他人可能会混淆和误会的行为，损害其他经营者的信誉和声誉。

一般诋毁事实都是针对同行业的竞争对手而言。很多国家在立法上提出，经营者不能捏造、散布虚假事实，损害竞争对手的信誉和声誉。这就明确限定了商业诋毁行为主要是针对竞争对手。这和之前对不正当竞争的理解一样，不需要讲竞争关系作为不正当竞争的要件。WIPO 的《反不正当竞争示范法》的解释指出："被攻击的个人或公司通常是一个竞争者，或者至少所涉及的当事人之间存在某种竞争关系。但是，不但竞争者，而且像消费者团体或者新闻媒体，也可以实施违反公平竞争原则的行为。如果它们对一个企业商品、服务或者商业活动作虚假的或不合理的陈述，应当对其提起损害信誉的诉讼。"我国现阶段对于商业诋毁的规定为，对于非经营者或者是具有竞争关系的经营者展开诋毁，那么可以以民法的规定来进行处理。

侵害本身的客体是他人的信誉和声誉，主要是社会对特定经营者的客观评价，对经营者的各项能力和实际工作进行综合分析之后，做出的一种评价，或者是对特定商品产生的评价，包括商品的质量、性能、价格等内容。一般信誉和声誉会同时出现，两者会有机联系到一起，并不能分开。这也是表示特定的经营者在特定的商品上在社会中的形象，代表着社会对该经营者和商品的认知，也是经营者和商品在社会中的代表形象。同时，对于企业和商品来说，往往会和权利人联系在一起，这就让诽谤他人信誉和声誉的行为不仅仅影响到经营者企业和商品的社会评价，也会影响到权利人的社会评价，造成权利人的人格受损。

WIPO明确界定了诋毁的内容，包括在商品的制造以及提供服务的过程中，按照商品目的、质量和数量的不同，提出的一种针对商品或者服务的质量、数量以及其他内容的损害。这和误导的内容基本上没有太大的差别，都涉及商品本身的信息和服务，但是诋毁还包括一种开放性的内容，不仅仅是经营者和企业经营的商品，还包括权利人以及企业中的职员。

诋毁行为和误导行为本身都是发布一些虚假的信息，影响消费者的决策，让消费者在不实信息的引导下，做出错误的决定和行为。不过误导行为更多的是针对自己商品本身，包括商品的质量或者服务，夸大商品事实，提出了一些欺骗性的行为，提高商品的地位，属于作用到自己商品上的行为。而诋毁行为更多的是针对他人商品的行为，散布一些不实的谣言，这一谣言主要是针对他人的，然后贬低对方的同时无意间来提升自己商品的身价，属于作用到他人商品然后自己商品得利的行为。在一些特定情况下，诋毁行为和误导行为会发生重合。

4. 侵犯商业秘密的行为

商业秘密，又称"秘密信息"，主要是指未经披露过的信息。根据我国法律的规定，商业秘密主要是不为他人所知，能为权利人带来一定的经济利益，并且权利人采取了相应的手段，借助一定的保密措施来隐藏相关的技术和经营信息。

关于商业秘密的内容，我国立法规定包括技术秘密和经营秘密两个方面，具体涉及设计、程序、产品配方、制作工艺、制作方法、管理诀窍、客户名单、货源情报、产销策略、招标投标中的标底及标书内容等信息。《反不正当竞争示范法》认为，"秘密信息"可以包括制造的或商业的秘密；可以包括生产方法、化学公式、图样、原型、营销方法、分配方法、合同格式、经营计划表、价格协议细节、消费者群体、广告方案、供应者或客户名单、计算机软件和数据库。

根据我国《反不正当竞争法》第十条的规定，侵犯商业秘密行为表现为以下情形：

①以盗窃、利诱、胁迫或其他不正当手段获取权利人的商业秘密。

②披露、使用或允许他人使用以前项手段获取的权利人的商业秘密。

③违反约定或违反权利人有关保守商业秘密的要求，披露、使用或者允许他人使用其所掌握的商业秘密。第三人明知或应知前款所列违法行为，获取、使用或者披露他人的商业秘密。

5. 商业贿赂行为和商业利诱行为

（1）商业贿赂行为

商业贿赂行为是贿赂的一种形式，指的是经营者在市场交易活动中采用财物或其他手段暗中收买交易对象或有关人员而争取交易机会或有利交易条件的行为。我国《反不正当竞争法》第八条规定，"经营者不得采用财物或者其他手段进行贿赂以销售或者购买商品"。

从主观方面看，商业贿赂行为表现为（行贿）经营者为交易目的（或是促销商品，或是竞购商品，或是获得交易上的便利或优惠条件）故意所为的行为。经营者被迫索贿的，或不为交易目的，则不构成商业贿赂。

从客观方面看，商业贿赂行为表现为（行贿）经营者向受贿者支付或提供了一般商业惯例所不允许的财物款项或非财物利益，并且通常采取秘密的方式来进行。至于按照商业惯例提供小额优惠或赠品及礼仪性接待等，则不构成商业贿赂。商业贿赂的手段包括财物手段和其他手段（非财物手段）两类。依照《关于禁止商业贿赂行为的暂行规定》解释，财物是指现金和实物，包括经营者为销售或者购买商品，假借促销费、宣传费、赞助费、科研费、劳务费、咨询费、佣金等名义，或者以报销各种费用等方式，给付对方单位或者个人的财物。其他手段是指提供国内外各种名义的旅游、考察等给付财物以外的其他利益的手段。

（2）商业利诱行为——巨奖销售

商业利诱行为是指经营者违反一般商业做法，许诺给予交易相对人（即购买者或消费者）一定经济利益或其他好处的行为。对此，我国立法没有统一规定，主要表现为巨奖销售，国外还涉及不正当折扣、不正当赠品等。

在商品销售活动中，为招揽顾客、扩大销路，有奖销售成为经营者常常采用的一种促销手段。对于有奖销售，我国立法区别正当有奖销售和不正当有奖销售，只有不正当有奖销售才受到禁止。1993 年 12 月，国家工商行政管理局发布《关于禁止有奖销售活动中不正当竞争行为的若干规定》，对有奖销售及不正当有奖销售做出具体规定。

有奖销售是指经营者销售商品或提供服务，附带性地向购买者提供物品、金钱或其他经济上利益的行为。它包括两种形式：一是附赠式有奖销售，表现为经营者向所有的购买者赠送奖品；二是抽奖式有奖销售，表现为经营者以抽签、摇号或其他带有偶然性的方式确定购买者是否中奖，对中奖者才赠予奖品。至于政府或政府有关部门依法批准的有奖募捐及其他彩票发售活动则不属于有奖销售行为。

依照我国《反不正当竞争法》第十三条和《关于禁止有奖销售活动中不正当竞争行为的若干规定》，不正当有奖销售包括欺骗性有奖销售、推销质次价高商品的有奖销售和巨奖销售等三种表现形式。其中，前两种形式属于误导性质的有奖销售，已经归纳到商业误导行为，只有后一种形式才属于利诱性质的有奖销售。所谓巨奖销售，是指中奖金额超过法定限额标准的有奖销售。具体来说，在我国是指在抽奖式有奖销售活动中，最高奖的金额超过 5000 元。这里最高奖的金额是指在一项有奖销售活动中所设的最高一个档次的奖品金额和价值。

（3）几种商业做法——回扣、折扣、佣金、附赠（赠品）

在认定商业贿赂和不当有奖销售时，我国立法上涉及回扣、折扣、佣金、附赠等几种商业做法，需注意区分它们的性质和界限。

回扣。回扣一词在我国经济生活中曾经用得过滥，常将贿赂、佣金、折扣等都称为"回扣"，甚至将经营者的营业推广费用、雇员的提成费、技术劳务报酬等也包含在内，人们理解上的分歧至今存在。根据我国《反不正当竞争法》（1993年版）第八条规定，经营者销售或者购买商品，"在账外暗中给予对方单位或者个人回扣的，以行贿论处；对方单位或者个人在账外暗中收受回扣的，以受贿论处"。可见，回扣在性质上属于商业贿赂，具有违法性。

依照《关于禁止商业贿赂行为的暂行规定》，回扣是指经营者销售商品时在账外暗中以现金、实物或者其他方式退给对方单位或者个人的一定比例的商品价款。包括三层含义：①回扣是发生在交易双方之间，并且主要是在经营者销售商品时。经营者对内部职员或中间人支付销售提成或佣金，不是回扣。②回扣的支付和收受具有秘密性，即是在账外暗中进行的。所谓账外暗中，是指未在依法设立的反映经营者生产经营活动或行政事业经费收支的财务账上按照财务会计制度规定明确如实记载，包括不记入财务账、转入其他财务账或做假账等。③回扣是经营者以现金、实物等方式退给对方单位或个人一定比例的商品价款。这表明回扣的款物来源是商品价款的一部分。

折扣和佣金。《反不正当竞争法》（1993年版）第八条规定："经营者销售或者购买商品，可以以明示方式给对方折扣，可以给中间人佣金。经营者给对方折扣、给中间人佣金的，必须如实入账。接受折扣、佣金的经营者必须如实入账。"这表明折扣、佣金属于合法范畴，不同于回扣。

折扣又称让利，是指经营者在销售商品时，以明示并如实入账的方式给予对方的价格优惠，包括两种形式：①支付价款时对价款总额按一定比例即时予以扣除；②支付价款总额后再按一定比例予以退还。折扣行为是一种促销手段或营业推广行为，通常公开进行，并要在合同或发票中注明，折扣的往来双方也都如实入账。

佣金又称酬金，是指经营者在市场交易中给予为其提供服务的具有合法经营资格中间人的劳务报酬。佣金的给付也以明示方式进行，且双方须如实入账。

附赠。附赠是指经营者在市场交易中向交易对方附带提供现金或物品。附赠分为面向一般消费者和面向相关经营者两种情形。面向消费者的附赠，这与附赠式有奖销售、折扣（让利）意义相同。面向经营者的附赠，我国与国外立法原则上给予禁止。我国《关于禁止商业贿赂行为的暂行规定》第八条规定：经营者在商品交易中不得向对方单位或者其个人附赠现金或者物品。但按照商业惯例赠送小额广告礼品的除外。违反前款规定的，视为商业贿赂行为。

（三）关于不正当竞争行为的法律责任

1. 责任形式

（1）基本责任形式

不正当竞争行为的法律责任涉及民事责任、行政责任和刑事责任。

民事责任。不正当竞争的民事责任主要有停止侵害、赔偿损失、消除影响、恢复名誉等具体形式。其中，就赔偿责任来说，我国《反不正当竞争法》（1993年版）第二十条规定："经营者违反本法规定，给被侵害的经营者造成损害的，应当承担损害赔偿责任，被侵害的经营者的损失难以计算的，赔偿额为侵权人在侵权期间因侵权所获得的利润；并应当承担被侵害的经营者因调查该经营者侵害其合法权益的不正当竞争行为所支付的合理费用。"可见，不正当竞争经营者承担民事损害赔偿责任。我国实行补偿性赔偿原则，赔偿范围包括物质利益损失、精神利益损失和合理的调查费用等方面，在赔偿方法上采取务实的做法，即：损失可计算时，按实际损失赔偿；损失难以计算时，可按经营者实施不正当竞争行为所获得的利润赔偿。

行政责任。《反不正当竞争法》主要规定了不正当竞争的行政责任，包括责令停止违法行为、罚款、没收违法所得、吊销营业执照等具体形式。

刑事责任。根据《反不正当竞争法》和《中华人民共和国刑法》的相关规定，只有情节严重，构成犯罪的不正当竞争行为，才追究行为人的刑事责任。其中，涉及的不正当竞争行为包括：假冒注册商标；仿冒知名商品特有的名称、包装、装潢而销售伪劣商品；虚假广告；商业诽谤；侵犯商业秘密行为；商业贿赂等。

（2）不正当竞争行为的具体法律责任

依《反不正当竞争法》的规定，各不正当竞争行为所承担的具体法律责任主要如下：①经营者构成商业混淆行为和虚假表示行为，依照《中华人民共和国商标法》《中华人民共和国产品质量法》的规定处罚。其中，仿冒知名商品特有的名称、包装、装潢，监督检查部门应当责令停止违法行为，没收违法所得，可以根据情节处以违法所得1~3倍的罚款；情节严重的，可以吊销营业执照。②经营者构成商业贿赂行为，监督检查部门可以根据情节处以1~20万元的罚款，由违法所得的，予以没收。③经营者构成虚假宣传行为，监督检查部门应当责令停止违法行为，消除影响，可以根据情节处以1~20万元的罚款。对广告的经营者，责令其停止违法行为，没收违法所得，并依法处以罚款。④侵犯商业秘密行为，监督检查部门应当责令停止违法行为，可以根据情节处以1~20万元的罚款。⑤经营者构成不正当有奖销售行为，监督检查部门应当责令停止违法行为，可以根据情节处以 1~10 万元的罚款。

2.追责机制

我国立法肯定了行政执法和法院诉讼两种途径，查处不正当竞争行为，追究行为人的法律责任。

《反不正当竞争法》（1993 年版）第三条规定："各级人民政府应当采取措施，制止不正当竞争行为，为公平竞争创造良好的环境和条件。县级以上人民政府工商行政管理部门对不正当竞争行为进行监督检查；法律、行政法规规定由其他部门监督检查的，依照其规定。"可见，不正当竞争的监督检查机关包括工商行政管理部门和其他部门（如质量监督、物价、金融、电讯、航空、医药、烟草等管理部门），其中工商行政管理部门承担反不正当竞争行政执法的主要任务。

根据规定，工商行政管理机关等督查部门查处不正当竞争行为主要有以下职权：（1）调查权。具体包括：①按照规定程序询问被检查的经营者、利害关系人、证明人，并要求其提供证明材料或与不正当竞争行为有关的其他资料；②查询、复制与不正当竞争行为有关的协议、账册、单据、文件、记录、业务函电和其他资料；③检查涉及商业混淆行为、虚假表示行为有关的财物。（2）行政强制措施权。工商机关在查处违法行为过程中，可依法采取扣留、封存、暂停支付等强制措施。在查处涉及商业混淆行为、虚假表示行为时，若有必要，可责令被检查的经营者说明商品的来源和数量，暂停销售，等候检查，不得转移、隐匿、销毁有关财物。（3）行政处罚权。工商机关追究违法经营者的行政责任，可采取有关行为罚和财产罚。（4）行政裁决权。这表现为，工商机关对不正当竞争行为造成的与合同无关的损害赔偿纠纷，依受害人申请，依法做出裁决，责令加害人赔偿损失。

《反不正当竞争法》（1993 年版）第二十条规定："被侵害的经营者的

合法权益受到不正当竞争行为损害的，可以向人民法院提起诉讼。"该条确立了诉讼救济方式。

三、反垄断法律制度

（一）反垄断法概述

1. 反垄断法的规制对象——关于"垄断"的一般界定

反垄断法有不同称谓，如反限制竞争法、反托拉斯法、卡特尔法等。我们使用"反垄断法"这一用词，并将其规制对象表述为"垄断"。结合各国立法和有关学理解释，对于"垄断"可以界定如下：

法律意义上的垄断，指经营者在一定市场上通过各种方式和途径形成或进行排他性控制或实质性限制，有违公共竞争秩序的某种应受法律谴责的状态或行为。简言之，即经营者已经形成或正在进行的应受法律谴责的，在一定市场上限制竞争的某种状态或行为。

理解时应注意以下要点：

垄断既指垄断的状态，也指各种垄断或限制竞争的行为，即包括结构意义上的垄断和行为意义上的垄断。

垄断与一定市场相关联。这一点对于认定垄断状态（或市场支配地位）和结构性垄断行为尤其重要。这里的"一定市场"，在法律表述上称之为"相关市场"或"特定市场"。

垄断的形成和产生有多种原因。一般区分为经济性成因和行政性成因。西方市场经济发达国家的垄断多是市场竞争的产物，属经济性垄断。而在经济转轨的国家，行政性垄断大量存在。反垄断法的任务主要在于反经济性垄断，但行政性垄断并非排除在外，反行政性垄断是转型国家反垄断法的一项重要任务。

垄断具有危害性。一般来说，垄断的危害性在本质上表现为限制了一定市场上的自由竞争，甚至达到完全排斥竞争。从权益角度说，这种危害性反映在三个层面：一是损害其他经营者的利益；二是损害消费者的利益；三是损害社会公共利益。

垄断具有违法性，即属应受法律谴责的状态、行为。作为反垄断法规制对象的"垄断"，要求具有违法性，由法律明文规定或基于法律原则认定。否则，就不能作为反垄断法的规制对象。应当指出，反垄断法中包括适用除外制度，即规定有些垄断状态或行为，尽管限制了竞争，但并不构成违法，从而豁免适用反垄断法，不予追究责任。这些就属于合法垄断。

2. 反垄断法的规制范围——关于"垄断"的具体界定

国外立法经验表明，反垄断法的规制范围一般包括三个方面，即协议垄断、滥用市场支配地位（或优势地位）和企业结合（或合并），由此构成反垄断法的三项基本制度即协议垄断控制制度、滥用控制制度和企业结合控制制度。

但是，从反垄断法的发展史和我国的实际情况来看，反垄断法的规制范围还须考虑以下两个方面：

第一，垄断状态或称结构意义上的垄断。垄断状态所反映的经济现象，在欧盟国家大多使用"市场支配地位"的表述，都是表明企业在相关市场上具有一定的控制力量，通常包括独占（或准独占）、寡占、绝对优势等市场情形。独占（或准独占）是指相关市场没有竞争者，或者没有实质上的竞争者，企业独家经营；寡占是指相关市场上虽然存在两个以上的企业，但它们在整体上不面临实质意义的竞争，相互之间也不存在实质上的竞争；绝对优势是指企业相对其他竞争者具有突出的市场地位。

从现代来看，反垄断法不是反大企业，不再反企业所取得的市场支配地位。因为，市场支配地位的确立，往往是市场竞争的最终结果，反映了一个企业从小到大的成长过程；或者是一定制度的合理安排，如企业对其研发技术的占有、使用。

但是，应当注意到，在反垄断法的发展史中，有的国家如美国、日本就曾经采取了严格的结构主义做法，对垄断的市场状态持禁止态度，解割过一些大企业或企业集团。同时，当前一些从计划经济向市场经济转轨的国家，对于某些行业的垄断状态采取改革举措，实行市场多元化。如我国电信领域的联通出世和中国电信的分拆，就表明了对电信市场领域的垄断状态所持的否定态度。并且，对于垄断状态或市场支配地位的认定，在反垄断法中还是建立滥用控制制度和企业结合控制制度的前提和基础。如果一个企业不具有支配力，它就不会构成滥用而遭受制裁。如果企业结合不影响市场竞争状况，导致垄断的市场结构或市场集中，那么也就不会受到禁止或限制。因此，对于垄断状态或市场支配地位，反垄断法中是给予了充分关注和考虑的。

第二，行政垄断。行政垄断是指基于行政权力而限制竞争的做法或行为。在西方国家，虽然行政垄断也有所表现，但是行政权力的行使受到法律的严格规范，经济实体与行政机关之间常常并无直接关系，政企界限分明，行政性垄断现象极为少见，因此西方各国反垄断法中没有规范行政垄断的专门内容。在我国反垄断立法过程中，有人提出行政垄断不是反垄断法所能解决的问题，而是深化政治改革和经济改革的问题。对此，我们认为行政垄断在我国和其他一些从计划经济向市场经济转轨的国家大量存在，甚至在某些经济领域非常严重。如俄罗斯1995年发布的《竞争法》规定，禁止行政权力机构等做出抑制竞争的法令、行为和协议。我国1993年发布的《反不正当竞争法》和相关法律、法规，已将行政垄断作为立法打击的一个重要任务。目前我国已经出台的《反垄断法》将行政垄断作为一项内容，在第一章总则（第八条）中规定，行政机关和法律、法规授权的具有管理公共事务职能的组织不得滥用行政权力，排除、限制竞争。因此，对于行政垄断的规制成为反垄断法（尤其是转轨国家反垄断法）的一项新制度。

我国《反垄断法》没有对垄断下一个统一的定义，只是在第三条规定了经营者的三种垄断行为，即：①经营者达成垄断协议；②经营者滥用市场支配地位；③具有或者可能具有排除、限制竞争效果的经营者集中。另在第八条规定了行政垄断（行为）。这表明我国对垄断的界定主要从行为意义上作出规定，并采取"3+1"形式，包括了经营者垄断和行政垄断。

3.反垄断法的规制原则

（1）本身违法原则和合理原则

本身违法原则，主要是指企业出现了垄断状态，就需要明令禁止，用法律的手段加以限制。

合理原则，是指企业在垄断状态下，并非一定的我发行为，只有这一垄断行为影响到了市场竞争，让市场竞争出现了不正当的情况，才需要加以禁止，合理的垄断不会用法律的手段加以干涉。

（2）结构规制原则和行为规制原则

结构规制原则，是根据市场结构标准的变化对反垄断进行控制。根据这一原则的内容，企业一旦形成了市场垄断，影响到了正常的市场结构，那么就可以说明这一结构违法，需要借助法律的手段加以限制。

行为规制原则，也称行为主义，是指用企业的市场行为来进行反垄断的控制。根据这一原则的规定，垄断结构即是几个企业改变了市场结构，垄断了市场资源，但是却不是违法，只有影响到了市场经济的发展，影响到了市场的公平竞争之后，才能说这是一种违法行为。这一原则并非从目前企业的市场份额以及企业规模入手，而是用一种更为全面的手段，关心企业的行为，避免影响市场竞争。

4.关于反垄断法的适用除外

综合各国立法情形，反垄断法的适用除外主要涉及以下方面。

（1）对特定行业的豁免

这是反垄断法最主要的适用除外领域，一般包括以下方面：

具有自然垄断属性的行业。所谓自然垄断行业，是指那些有规模经济的要求，基础设施投入资金量很大，开展竞争会造成不必要浪费的行业，如供水、供电、供气、铁路等。自然垄断行业是通过网络或其他关键设施（基础设施）来提供公共服务。它们在市场经济活动中，处于独占或准独占的地位，通常为各国竞争立法作为适用除外领域，即视其垄断为合法。我国也是如此，法律上并不反对其垄断地位。但是应当注意的是：立法虽将自然垄断行业列入适用除外范围，但对于其滥用行为也是给予禁止的。随着技术、经济的发展和我国改革开放的深入，这些自然垄断行业也在变化，须引入竞争的机制。

基础产业。如农业、能源业等，往往具有投资大、建设周期长、回报率相对稳定的特点，对国民经济有重要影响。国家往往对这些行业采取一定的扶持政策。

金融保险业。金融行业是运筹资金的行业，风险很大，对企业的资金规模有较高的要求。过度的竞争不仅损害这个行业本身，更主要的是影响整个社会的稳定。因此，竞争法一般允许该行业内对竞争实施一定的限制。例如，银行业可以组成协会，对各家银行的利率水平进行一定限制。

国防、航空航天业等与国家安全或公共利益密切相关的行业。

其他特殊行业。如国家垄断的专营专卖行业。我国《反垄断法》第七条规定："国有经济占控制地位的关系国民经济命脉和国家安全的行业以及依法实行专营专卖的行业，国家对其经营者的合法经营活动予以保护，并对经营者的经营行为及其商品和服务的价格依法实施监管和调控，维护消费者利益，促进技术进步。"第五十六条规定："农业生产者及农村经济组织在农产品生产、加工、销售、运输、储存等经营活动中实施的联合或者协同行为，不适用本法。"

（2）对特定时期、特定内容的卡特尔行为豁免

"卡特尔"这一术语，在经济学上是指一种垄断组织形式，意指生产同类产品的企业，为取得高额利润而在产量、价格、市场分割等一个或几个方面达成协议所形成的松散型垄断联合，其成员企业在生产、销售、财务上均保持其自身的独立性。从法律角度讲，"卡特尔"反映的就是企业间通过达成协议限制竞争的各种现象或行为。德国的反垄断法称为卡特尔法，首要打击的就是协议限制竞争，即卡特尔行为。但是，并非任何卡特尔行为都是有害的。企业间订立限制竞争的协议有时对经济是有好处的，如统一产品规格、型号的协议，适用统一的生产、交货以及支付条件的协议，中小企业间的合作协议，以及统一出口价格的协议。这些限制（竞争）有利于降低企业的生产成本，改善产品质量，提高企业的生产率，一般被视为合理的限制，可以得到反垄断法的豁免。

我国《反垄断法》第十五条规定，经营者能够证明所达成的协议属于下列情形之一的，不适用本法第十三条、第十四条的（禁止性）规定：

①为改进技术、研究开发新产品的；

②为提高产品质量、降低成本、增进效率，统一产品规格、标准或者实行专业化分工的；

③为提高中小经营者经营效率，增强中小经营者竞争力的；

④为实现节约能源、保护环境、救灾救助等社会公共利益的；

⑤因经济不景气，为缓解销售量严重下降或者生产明显过剩的；

⑥为保障对外贸易和对外经济合作中的正当利益的；

⑦法律和国务院规定的其他情形。

其中，属于前述第一项至第五项情形，经营者还应当证明所达成的协议不会严重限制相关市场的竞争，并且能够使消费者分享由此产生的利益。

（3）对知识产权行为的豁免

专利权、商标权等知识产权本身具有在一定时期和一定地域内的独占性、排他性之特征。当权利人将知识产权转让、许可他人使用时，往往也附加一定的限制，如专利权人进行普通许可，要求被许可人只能在特定市场内使用，不得在特定市场内与许可人竞争等。这些限制一般属于专利权的正当行使，并不违反竞争法。但是，从现代来看，如果权利人滥用其知识产权，对被许可人过分限制，如搭售与所许可的技术无关的设备，或者强制被许可人将其进行的技术改进回授给许可人，则会构成滥用之垄断行为。

《反垄断法》第五十五条规定："经营者依照有关知识产权的法律、行政法规规定行使知识产权的行为，不适用本法；但是，经营者滥用知识产权，排除、限制竞争的行为，适用本法。"

（4）对特定协会、团体的豁免

一般来说，反垄断法的规则不适用工会以及律师协会、会计师协会、医师协会等组织体。如工会有关工资、劳动条件等经济事项的决定或者集体谈判对所有工会会员具有约束力，律师协会、会计师协会、医师协会等为保障该行业职业道德和执业质量而对其成员采取一些限制措施。

《反垄断法》第十一条规定："行业协会应当加强行业自律，引导本行业的经营者依法竞争，维护市场竞争秩序。"但是，第十六条规定："行业协会不得组织本行业的经营者从事本章（指本法第二章'垄断协议'）禁止的垄断行为。"

5. 反垄断法的域外效力

我国《反垄断法》第二条规定："中华人民共和国境内经济活动中的垄

断行为，适用本法；中华人民共和国境外的垄断行为，对境内市场竞争产生排除、限制影响的，适用本法。"这一规定表明，反垄断法作为国内法，它主要适用于我国境内发生的垄断行为。但是当发生在境外的垄断行为，对我国境内市场竞争产生排除、限制影响的，则要适用我国反垄断法。这确立了反垄断法域外效力认定的影响原则。

（二）协议垄断（卡特尔）行为

协议垄断，即协议限制竞争，常常称为"卡特尔"，是指两个或两个以上经营者以协议、决议或者其他联合方式实施的限制竞争行为。我国《反垄断法》第十三条规定："本法所称垄断协议，是指排除、限制竞争的协议、决定或者其他协同行为。"

经营者尤其是同类经营者协议垄断，反映了它们在经济领域的串通、共谋，属于一致行动。这种串通、共谋，可以是协议型，也可以是默契型，其中以前者为主，故称协议垄断或垄断协议。垄断协议的禁止性规定是反垄断法的支柱内容之一。而且，从现实发生的垄断行为来看，垄断协议是居第一位的。我国《反垄断法》就将禁止协议垄断放在首要位置。

垄断协议，可分为横向协议（水平协议）、纵向协议（垂直协议）和混合协议，其中横向协议是主要的。横向协议是指生产、销售同一类型产品或提供同种服务的两个以上相互竞争的企业，通过共谋而减弱或限制了竞争。在横向协议中，包括有：（1）价格卡特尔，即统一确定、维持或者变更商品的价格；（2）份额卡特尔，即协议限制商品的生产或者销售数量；（3）区域卡特尔，即协议分割销售市场或者原材料采购市场；（4）有关货物、服务、情报的卡特尔等。纵向协议是指同一行业中处于不同经济环节或层次上的两个以上企业，通过共谋而减弱或限制了竞争。如限制转售价格、搭售、限制销售区域、独家交易等。

（三）滥用支配地位行为

滥用支配地位行为，也称滥用优势行为，或简称为滥用行为，是指拥有市场支配地位的企业滥用其支配地位，并在一定交易领域实质性地限制竞争、违背公共利益的行为。滥用行为的禁止是世界各国通行的做法，成为反垄断法的重点内容。

滥用行为构成要件有三项：①企业拥有市场支配地位；②企业实施了滥用市场支配地位的行为；③滥用行为造成了损害后果，即对有效竞争和公共利益造成了损害。

对于滥用行为，我国《反垄断法》第六条做出禁止性规定："具有市场支配地位的经营者，不得滥用市场支配地位，排除、限制竞争。"同时，还规定了两种较特殊的滥用行为：一是关于国家垄断行业经营者的滥用行为（第七条）——滥用控制地位或者专营专卖地位的行为；二是关于拥有知识产权经营者的滥用行为（第五十五条）——滥用知识产权的行为。

在反垄断法中，对于企业的市场地位，有"市场支配地位""市场优势地位"等不同表述。市场支配地位，通常指企业在相关市场上拥有了决定产品产量、价格和销售等方面的控制能力，一般包括：单个企业的独占和准独占（独占指完全没有竞争者；准独占指没有实质性的竞争者）；两个以上企业的寡占。而市场优势地位，则是一个含义更广的概念，可以包括市场支配地位在内。它分为绝对优势和相对优势，支配地位一般依绝对优势而成立。从狭义角度讲，市场优势指企业因产品、合同、购销关系等因素而产生的致使交易相对人处于依赖、从属性状态，自己处于主导性、被依赖的状态。这一般依名牌产品、短缺物资、长期契约、优势购买力等成立。

我国《反垄断法》第十七条规定："本法所称市场支配地位，是指经营者在相关市场内具有能够控制商品价格、数量或者其他交易条件，或者能够阻碍、影响其他经营者进入相关市场能力的市场地位。"因此，我们不必对市场支配地位和市场优势地位两种表述严格区分，可将其等同认识，都是表明企业具有市场力量，这与垄断的市场状态所表明的经济现象是基本相同的。一个被认定为具有市场支配地位（或市场优势地位）的企业也就是垄断性企业或具有垄断力的企业。

（四）经营者集中行为

经营者集中本意就是将企业合并的过程。企业合并是企业结构在生产过程中，受到外部市场竞争环境的影响，产生的一种行为。企业合并会影响到正常的市场竞争，这也是垄断的一种重要表现形式，更是一种典型的表现形式。企业的合并让多家企业的资本集中，企业规模进一步扩大，也会涵盖多元经营方式，改变市场的正常结构，造成市场环境的改变，影响到其他企业的发展。

很多国家的反垄断法中都对经营者集中进行了明确的规定，严格控制企业的合并，避免由于企业合并影响到市场环境，继而缩减其他企业的生存空间。我国《反垄断法》没有采用"企业合并""企业结合"的概念，而是采用"经营者集中"。

企业结合可以分为：①财产结合，包括企业合并（又分新设合并和吸收合并/兼并）、股份保有、购买债权、建立合资企业（共同控制）等；②经营结合，包括协议组成关系企业、受让/承租企业全部或主要部门的营业、与他企业共同经营或受他企业委托经营;③人事结合，如董事兼任(干部兼任)、控制他企业人事任免等。其中，财产结合更为突出。

在西方国家立法中，企业合并先后经历了横向合并、纵向合并、混合合并三个阶段。横向合并是指同一经营环节上相关企业的合并。其主要经济目的是消除或减少竞争，并因此增加兼并企业的市场份额。纵向合并是指同一生产过程中的相关环节的企业合并。其主要经济目的是为了保证供应和销路，免受供应上的垄断性控制和销售上的竞争威胁。混合合并是指跨行业、跨产品的综合性的企业合并。混合合并在性质上分为产品扩张、市场扩张和纯粹混合合并三种，属于多样化经营的范畴。在上述三种情形中，以横向合并损害有效竞争的危险性最大。

我国《反垄断法》第二十条规定："经营者集中是指下列情形：①经营者合并；②经营者通过取得股权或者资产的方式取得对其他经营者的控制权；③经营者通过合同等方式取得对其他经营者的控制权或者能够对其他经营者施加决定性影响。"

（五）行政垄断行为

行政垄断，也称行政性限制竞争，是指行政机关和依法具有管理公共事务职能的组织滥用行政权力限制市场竞争的做法或行为。对此，我国《反垄断法》第八条做出禁止规定："行政机关和法律、法规授权的具有管理公共事务职能的组织不得滥用行政权力，排除、限制竞争。"

理解行政垄断，注意以下几点：

（1）从主体看，是行政机关和依法具有管理公共事务职能的组织（以下简称行政机关），包括政府及其所属部门，还涉及具有行政管理职能的事业单位等组织、被授权或者委托行使行政权的社会组织等。

（2）从主观方面看，主体滥用了行政权力。行政权属于国家公权力，其行使应当遵循合法、统一、精简、效能等原则。在现代社会，政府大都具有管理经济的职能，为防止行政权尤其在经济生活方面的滥用，各国都通过立法确立起行政权行使的一些具体规则，其中重要的一项内容就是行政权的非经济化，政府不得非法干预经济生活，市场机制能够解决的就让市场去发挥作用。行政权在经济生活方面的滥用，可能是保护或扶植相关经营者的经营活动，也可能是干预相关经营者的自主经营活动，还可能是不当地参与营利性经营活动。

（3）从客观方面看，行政垄断表现为限制了市场竞争和经济活动，损害了有关经营者和消费者利益。

我国《反垄断法》第三十二条至第三十七条规定了行政垄断的具体表现，归纳有以下方面：

（1）限定交易的行政垄断行为。限定交易的行政垄断行为指行政机关滥用行政权力，限制他人购买其指定经营者的商品。这使得政府指定的经营者具有垄断经营的市场地位。对此，我国《反垄断法》第三十二条做出禁止规定："行政机关和法律、法规授权的具有管理公共事务职能的组织不得滥用行政权力，限定或者变相限定单位或者个人经营、购买、使用其指定的经营者提供的商品。"

（2）强制企业垄断的行政垄断行为。强制企业垄断的行政垄断行为指行政机关滥用行政权力，强制经营者从事非法垄断行为。对此，我国《反垄断法》第三十六条做出禁止规定："行政机关和法律、法规授权的具有管理公共事务职能的组织不得滥用行政权力，强制经营者从事本法规定的垄断行为。"

（3）地区封锁的行政垄断行为。地区封锁的行政垄断行为，也称地区垄断或地方保护主义，指地方各级政府及其所属部门滥用行政权力，限制商业资源在特定行政区域的市场准入和区域间的市场流通。我国《反垄断法》第三十三条规定，行政机关和法律、法规授权的具有管理公共事务职能的组织不得滥用行政权力，实施下列行为，妨碍商品在地区之间的自由流通：①对外地商品设定歧视性收费项目、实行歧视性收费标准，或者规定歧视性价格；②对外地商品规定与本地同类商品不同的技术要求、检验标准，或者对外地商品采取重复检验、重复认证等歧视性技术措施，限制外地商品进入本地市场；③采取专门针对外地商品的行政许可，限制外地商品进入本地市场；④设置关卡或者采取其他手段，阻碍外地商品进入或者本地商品运出；⑤妨碍商品在地区之间自由流通的其他行为。第三十四条规定，行政机关和法律、法规授权的具有管理公共事务职能的组织不得滥用行政权力，以设定歧视性资质要求、评审标准或者不依法发布信息等方式，排斥或者限制外地经营者参加本地的招标投标活动。第三十五条规定，行政机关和法律、法规授权的具有管理公共事务职能的组织不得滥用行政权力，采取与本地经营者不平等待遇等方式，排斥或者限制外地经营者在本地投资或者设立分支机构。

（4）抽象的行政垄断行为。抽象的行政垄断行为指行政机关制定含有排除或者限制竞争内容的规定，妨碍形成全国统一、规范有序的市场体系，损害公平竞争。行政垄断可以表现为具体行政行为形式，也可以表现为抽象行政行为形式。实践中，一些地方政府发布"红头文件"或制定所谓"土政策"，内容含有有关限制竞争的规定，这种做法就属于抽象的行政垄断行为。对此，我国《反垄断法》第三十七条做出禁止规定："行政机关不得滥用行政权力，制定含有排除、限制竞争内容的规定。"

（六）垄断行为的规制

1.反垄断机构：反垄断委员会和反垄断执法机构

反垄断委员会。我国《反垄断法》第九条规定："国务院设立反垄断委员会，负责组织、协调、指导反垄断工作，履行下列职责：①研究拟订有关竞争政策；②组织调查、评估市场总体竞争状况，发布评估报告；③制定、发布反垄断指南；④协调反垄断行政执法工作；⑤国务院规定的其他职责。

国务院反垄断委员会的组成和工作规则由国务院规定。"可见，反垄断委员会在性质上不是反垄断执法机构，而属于国家反垄断工作的决策协调机构。

反垄断执法机构。我国《反垄断法》第十条规定："国务院规定的承担反垄断执法职责的机构（以下统称国务院反垄断执法机构）依照本法规定，负责反垄断执法工作。国务院反垄断执法机构根据工作需要，可以授权省、自治区、直辖市人民政府相应的机构，依照本法规定负责有关反垄断执法工作。"

2.对涉嫌垄断行为的调查

对于涉嫌垄断行为进行调查、处理是反垄断执法机构的职责，对此，我国《反垄断法》主要规定了以下内容：

调查权。反垄断执法机构依法对涉嫌垄断行为进行调查。对涉嫌垄断行为，任何单位和个人有权向反垄断执法机构举报。反垄断执法机构应当为举报人保密。举报采用书面形式并提供相关事实和证据的，反垄断执法机构应当进行必要的调查。

调查措施。反垄断执法机构调查涉嫌垄断行为，可以采取下列措施：①进入被调查的经营者的营业场所或者其他有关场所进行检查；②询问被调查的经营者、利害关系人或者其他有关单位或者个人，要求其说明有关情况；③查阅、复制被调查的经营者、利害关系人或者其他有关单位或者个人的有关单证、协议、会计账簿、业务函电、电子数据等文件、资料；④查封、扣押相关证据；⑤查询经营者的银行账户。采取前款规定的措施，应当向反垄断执法机构主要负责人书面报告，并经批准。

处理权。反垄断执法机构对涉嫌垄断行为调查核实后，认为构成垄断行为的，应当依法作出处理决定，并可以向社会公布。

和解与调查的中止、终止。对反垄断执法机构调查的涉嫌垄断行为，被调查的经营者承诺在反垄断执法机构认可的期限内采取具体措施消除该行为后果的，反垄断执法机构可以决定中止调查。中止调查的决定应当载明被调查的经营者承诺的具体内容。

反垄断执法机构决定中止调查的，应当对经营者履行承诺的情况进行监督。经营者履行承诺的，反垄断执法机构可以决定终止调查。

有下列情形之一的，反垄断执法机构应当恢复调查：①经营者未履行承诺的；②作出中止调查决定所依据的事实发生重大变化的；③中止调查的决定是基于经营者提供的不完整或者不真实的信息作出的。

3. 法律责任

（1）民事责任

我国《反垄断法》第五十条规定："经营者实施垄断行为，给他人造成损失的，依法承担民事责任。"

（2）行政责任

行政责任主要表现有责令停止违法行为、没收违法所得、罚款等。其中，处以罚款，反垄断执法机构在确定具体罚款数额时，应当考虑违法行为的性质、程度和持续的时间等因素。

协议垄断的行政责任。我国《反垄断法》第四十六条规定，经营者违反本法规定，达成并实施垄断协议的，由反垄断执法机构责令停止违法行为，没收违法所得，并处上一年度销售额百分之一以上百分之十以下的罚款；尚未实施所达成的垄断协议的，可以处五十万元以下的罚款。经营者主动向反垄断执法机构报告达成垄断协议的有关情况并提供重要证据的，反垄断执法机构可以酌情减轻或者免除对该经营者的处罚。行业协会违反本法规定，组织本行业的经营者达成垄断协议的，反垄断执法机构可以处五十万元以下的罚款；情节严重的，社会团体登记管理机关可以依法撤销登记。

滥用市场支配地位的行政责任。我国《反垄断法》第四十七条规定，经营者违反本法规定，滥用市场支配地位的，由反垄断执法机构责令停止违法行为，没收违法所得，并处上一年度销售额百分之一以上百分之十以下的罚款。

经营者集中的行政责任。对于经营者集中立法主要实行事前规制，事前规制主要表现在我国《反垄断法》第四十八条规定上，前已作介绍。

行政垄断的行政责任。这表现在我国《反垄断法》第五十一条规定上，前已作介绍。

拒绝、阻碍调查行为的行政责任。我国《反垄断法》第五十二条规定，对反垄断执法机构依法实施的审查和调查，拒绝提供有关材料、信息，或者提供虚假材料、信息，或者隐匿、销毁、转移证据，或者有其他拒绝、阻碍调查行为的，由反垄断执法机构责令改正，对个人可以处二万元以下的罚款，对单位可以处二十万元以下的罚款；情节严重的，对个人处二万元以上十万元以下的罚款，对单位处二十万元以上一百万元以下的罚款；构成犯罪的，依法追究刑事责任。

第二节　消费者权益保护法律制度

消费是社会再生产过程中一个重要的环节，没有消费，生产和交换就失去了目的。由于商品经济中的信息不适当分布等原因，消费者相对生产者而言处于弱势地位。故消费者权益的保护理应成为法律加以规制的重要领域。学习消费者权益保护法，应该掌握消费者的概念、消费者的权利、经营者的义务以及解决争议的途径等内容。

一、消费者及其权利

（一）消费者的概念

所谓消费，是指消费者以他人生产经营的消费对象来满足自身生活需求的行为，包括生产消费和生活消费。其中，生活消费与基本人权直接相关，故很多国家的立法都将消费者限定为从事生活消费的主体。《中华人民共和国消费者权益保护法》（以下简称《消费者权益保护法》）第二条规定："消费者为生活消费需要购买、使用商品或者接受服务，其权益受本法保护；本法未作规定的，受其他有关法律、法规保护。"从这一规定我们可以看出，所谓消费者，是指为满足生活消费需要而购买或使用经营者提供的商品或服务的人。这一定义包括以下含义。

1. 消费者是购买、使用商品或接受服务的人

对于消费者的范围，理论上有不同的观点。一种观点认为，消费者只能是自然人，而不能是法人及其他社会组织；另一种观点则认为，无论是自然人、法人还是其他社会组织，都可以成为消费者。现在理论界和实务界都倾向于前一种观点，因为消费者保护法的根本目的是保护人们生活性消费过程中的安全，维护他们的经济利益，只有自然人才能成为最终消费的主体。作为自然人集合体的法人及其他社会组织本身并不具有消费者的资格，但是，其社员及职工作为自然人仍属消费者的范围。实际上，我们说消费者限于个体成员，并不否认法人及其他社会团体在其权利受到侵害时可以寻求其他法定手段进行救济，只是《消费者权益保护法》的保护对象并非这些社会团体的利益，而是消费者的利益。

将消费者限定在个体社会成员的范围内具有非常重要的意义。《消费者权益保护法》能在市场经济环境下，充分认识消费者在市场交易中的地位，在此基础上对消费者给予相应的保护，用法律的武器来保障消费者的

地位。不过在消费者的界定上，需要控制消费者的范围，避免其范围较广，失去其具体的保护而影响到消费者的地位，因此准确界定消费者的地位就显得不可或缺，一般不会将社会团体和组织作为消费者对象，避免影响个体消费者的地位。

2. 消费者购买使用的商品和接受的服务是由经营者提供的

消费者和经营者在市场交易关系的指引下，成为一种特殊的法律主体。当某人为了自身的需求购买他人的商品或者服务时，那么就完成了消费的过程；当他以营利为目的向他人提供某种商品或服务时，他又是经营者。消费者不仅包括购买商品或服务的人，而且亦包括使用商品或接受服务的人，但是作为消费者，其使用的商品应当是他人生产、制造的，而不是其自己生产、制造的。如农民食用自己生产的蔬菜，这时，该农民就不属于这种蔬菜的消费者。因此，对消费者的含义，我们必须与一定商品与服务的提供者——经营者的含义结合起来理解，凡是为了满足自己或他人个人需求而购买或为了自己的需求而使用商品的人，均属消费者。

3. 消费者是进行生活性消费活动的人

消费者并不是一个固定的阶层或集团，因此消费者的含义具有严格的时间性。这就决定了，任何人只有在其进行消费活动时才是消费者。消费活动的内容包括：为了自身的日常生活需求而购买商品、使用商品以及接受他人的服务。消费者购买商品和服务的目的是满足自身的日常生活需求，也包括满足家庭的生活需求，并非是以经营为目的。

（二）消费者权利

1. 消费者权利概述

消费者在市场交易中尽管是购买和使用商品服务，但是整体来看还是处于弱势地位，因此需要相应的法律给予保护，其中规定的消费者权益的相关内容，核心内容就是消费者权利。消费者权利的概念提出并非是偶然，这是在市场交易中，消费者随着不断的消费而产生的一种新的概念。这一概念最早是由美国总统肯尼迪提出的，认为消费者在消费中，购买商品和服务需要享有相应的权利，包括商品安全、获得商品的相关信息，对商品可以自由选择，也能在消费中提出自己的意见和建议。肯尼迪的"四权论"对各国消费者权利相关立法提供了参考，尽管不同国家在具体的法律规定上各不相同，但都采纳了这四项权利。为了纪念肯尼迪总统对消费者权益保护的支持，因此决定按照他提出消费者四项权利的时间作为纪念，将每年的 3 月 15 日定为"国际消费者权益日"。

2. 消费者具体的权利

（1）消费者的安全权

消费者的安全权主要是消费者在购买和使用商品及服务时，需要保证自身的人身安全和财产安全不会受到影响，不会由于消费而影响到自身安全。这是消费者在消费时的基础权利内容，具体来说，包括人身安全和财产安全两方面内容。人身安全主要是消费者的生命和健康，既要保证生命不受危害，也不能损害消费者的身体健康。例如在购买食品类商品时，不能由于食品本身有毒，危害消费者的生命，导致消费者死亡；也不能由于食品卫生条件不过关，导致消费者食物中毒，影响消费者身体健康。可以说人身安全是保证消费者的基础权利。财产安全主要是消费者不能由于购买商品和服务导致自己的财产受到损失，财产损失包括财产上的损坏或者是其价值的减少，例如由于电器爆炸而造成房间内物品损坏，尽管人员没有伤亡，但是消费者的财产却受到的影响。

保护公民的人身及财产不受侵犯是我国《宪法》规定的公民的基本权利之一，《消费者权益保护法》第七条规定："消费者在购买、使用商品和接受服务时，享有人身、财产安全不受损害的权利，消费者有权要求经营者提供的商品和服务，符合保障人身、财产安全的要求。"由此可见，消费者的安全权涉及消费者的正常人身安全，这也是消费者享有的基本权利。如果这一基本的权利无法得到保障，消费者的人身安全直接受到影响，那么其他的权利也就无从谈起了。

消费者在购买、使用商品和服务时，需要保证整个过程的安全，这就对经营者的商品和服务提出了较高的要求——约束经营者的行为，为消费者提供的商品或服务需要保证其安全性，不能损害到消费者人身安全和财产安全，不能在使用的过程中无故发生不安全情况。同时，经营者需要为消费者提供相应的安全保证，让消费者能在一个安全的环境中选择购买商品，并且在享受商品带来的服务时，保证消费过程的安全。

保护消费者人身和财产的安全是消费者保护法的重要任务，除《消费者权益保护法》对消费者的安全权作了一般的规定外，有关食品卫生、药品管理、产品质量管理等法律制度还对某一方面的消费者安全问题作了具体规定，只有严格遵守这些法律规范，才能使消费者的安全权得到切实保障。

（2）消费者的知情权

消费者能依法享有了解自己准备购买或者已经购买的商品和服务真实状况的权利。

消费者购买商品或者服务之前，首先需要判断这一商品或者服务能否满足自身需求，而正确的选择依赖于对该商品或者服务的了解程度。消费者的知情权包括能了解商品和服务真实状况的权利，经营者有义务向消费者提供商品或服务相应的信息，并且保证这些信息的客观真实，不能提供虚假信息影响消费者正确的判断，否则会损害消费者的合法权益，影响消费者的消费状态，让消费者蒙受损害。

（3）消费者的选择权

消费者能从自己的主观角度出发，选择自己喜欢或者是需要的商品及服务，选择过程是在自由的条件下，全凭消费者的角度出发，可以自主选择。

消费者在购买商品和服务时，都是在一定的目的指引下，可能是满足自己的生理需求或者心理需求，也可能是满足他人的需求，也可能是从自己长远发展的角度来看，无论哪一种需求，都是由消费者主观角度出发的，需要让消费者根据自己的购买需求选择相应的商品好服务。同时，每个消费者由于自身的性格、喜好等方面并不同，如果不能自主选择，以统一的商品和服务来面对消费者，那么购买的商品或服务也就很难满足消费者的需求。消费者在消费中，能自主选择商品和服务经营者，也能自主选择商品类型和服务方式，可以自主决定买哪一种商品或者是不买哪一种商品，可以货比三家，对商品和服务进行比较。

（4）消费者的公平交易权

公平交易主要是指在交易过程中，双方获得的利益相当。也就是说在消费中，消费者获得的商品或服务质量和实际支付的价值基本相等。公平交易表现在消费者能依照相关权利享有商品的基础性功能，也就是获得相应的价值，就像购买食品需要能食用、购买药品能治病、购买用品能体现使用需求等。消费者有权要求商品或服务按照其实际价值进行合理的定价，一般来说商品或服务的定价是由经营者最终界定的，但是在定价上，需要将商品或服务的价格和质量保持一致的程度，质量好的商品或服务价格高，质量不好的商品或服务价格低。

（5）消费者的求偿权

消费者在购买和使用商品服务，受到人身损害和财产损害时，能依法享有获得赔偿的权利。

消费者购买和使用商品服务，由于商品的质量不合格或者服务不到位，造成自身的人身安全和财产安全受到损伤，有权利向经营者索赔，确定这些损害是由于商品而产生的，经营者需要承担相应的责任。

一般来说，消费者的人身及财产损害主要是由于经营者没有采取相应的安全保障措施，导致了消费者在购买和使用商品或服务时受到了损失，这一损失可能是身体健康、生命安全或者是家中财产等方面的损失。还有的是因为经营者的经营不当，例如在理发服务时，消费者需要享有理发师的理发服务，但由于理发师的操作失误，导致了消费者受伤，则消费者有权要求赔偿。在一些交易中，受到经营者的影响，整个交易过程可能让消费者蒙受利益损失，例如定价过高，商品或服务的价格超出了其自身的价值，或者是受到了经营者的不公平对待。在解决消费者与经营者之间的纠纷时，消费者所花费的必要支出，包括诉讼费用、车旅费用等，都可以依法向经营者索赔。

（6）消费者的结社权

消费者本身属于弱势群体，想要合理维权有较大的难度，这时就可以选择成立相应的社团，依法享有组织社会团体的权利，能维护自身的合法权益。

消费者以个体存在时，本身的力量有限，并较为分散，而相对的经营者往往是具有超强的经济实力，也有大量的专业人才，尽管在法律规定中交易双方处于一个平等的地位，但是在实际中，一个个体消费者想要和一个庞大的企业保持平等的地位，难度较高，并不能实现真正意义上的平等。有的经营者为了在市场中占据更多的资源，取得更大的经济效益，会联合多家企业，控制市场变化，所有企业变成了一个整体，与消费者相抗衡，这样一个个体消费者可能就会面对整个市场内的所有经营者，这样二者平等就更加是无稽之谈。为了确保消费者和经营者之间真正的平等，个体消费者除了可以得到国家法律支持和社会援助，也可以团结起来，成立消费者组织，壮大自身力量，提高综合能力。因此在法律中对消费者的结社权有明确规定，消费者有依法组织社会团体的权利。

（7）消费者的受教育权

消费者的受教育权是消费者的基础性权利之一。消费者可以通过合理的方式获得商品和服务的知识，这些消费知识和消费者保护知识本身属于合理的，消费者可以通过一定的途径来满足这一要求。受教育权作为一项权利，除了消费者可以获取之外，也需要政府部门为消费者权利的实现提供便利，督促经营者公开商品和服务的信息，以制度保障相关知识的传播，保证消费者能接受到相关知识教育，确保消费者权利的实现。

消费者教育的内容包括消费知识和消费者自身保护知识两方面。在商品和服务选择上，消费知识能成为消费者的指南，让消费者可以更为公平合理地选择相关商品，接受相应的服务，在选择商品和服务时，能掌握一定的技巧，根据自己的需求选择合适的商品和服务。消费者自我保护方面的知识就是让消费者掌握自身权利、经营者的义务以及在自身权益受到侵犯时，如何维护自身的安全，维护自身的合法权益，并在这一过程中需要注意的问题。

（8）消费者的受尊重权

消费者受尊重权，首先需要保证消费者的人格不受侵犯。不只是消费者，作为中国公民，其独立人格受到法律的保护，包括健康权、名誉权、肖像权等，消费者在消费的过程中，需要保证自己的人格尊严。不能非法剥夺消费者的生命，影响其健康，不能干涉消费者对姓名的使用，也不能没有经过消费者的同意，以营利为目的侵犯消费者的肖像；或者以诽谤的方式损害消费者的名誉，这些都是侵犯消费者人格尊严的行为。经营者侵犯消费者人格权的行为通常表现为对消费者进行辱骂、殴打、搜身、拘禁等，也就是消费者和经营者在交流的时候不能因为没有达成交易意向而对消费者采取侮辱性词汇，进行殴打或者是由于经营者的怀疑而对消费者进行搜身，以及非法拘禁。

（9）消费者的批评监督权

消费者在购买和使用商品与服务时，具有对消费者保护工作进行批评和监督的权利。一般来说，消费者的批评监督包括监督商品和服务，也包括监督消费者保护工作。消费者在平时消费中，发现经营者有不法行为，会损害到消费者的利益，有权利向有关部门反映，要求有关部门处理这一问题。相关机关及工作人员在维护消费者利益时，不能包庇和纵容经营者不法的行为，消费者有权利监督工作人员，避免其和经营者勾结，损害消费者的利益，对于消费者权利保护工作人员的失职，有权利检举控告。另外，在我国，消费者监督权的内容还应包括对各种消费者组织的工作进行监督。对于消费者工作中存在的各项问题，消费者有权提出相应的意见和建议，可以对消费者保护工作加以批评监督，确保相关法律的完善，做好消费者保护工作。

二、经营者的义务

（一）经营者的概念

经营者是以盈利为目的从事商品或服务的生产销售，为消费者提供商品或服务的人。在消费者权益保护法中，经营者是和消费者相对应的主体，在市场交易过程中，为消费者提供消费资料和服务的主体。

（二）经营者义务概述

经营者的义务包括两方面，一方面是法律法规中规定的义务，另一方面是合同产生的约定义务。尽管隶属于两种义务类型，但是二者并非相对独立，而是相互关联的。约定义务需要在法定义务的基础上产生，经营者通过合同排除法定上的义务无效，在出现相抵触时，要以法定义务为准。可以说，法定义务的法律对经营者的基本要求，也是底线性的要求，约定义务和法律义务相比更加深入，也更加全面，是在法律义务基础上约定的一种交易义务。约定义务一般是作为法定义务的补充，在对其没有规定时，法定义务仍然存在。

（三）经营者具体的义务

在经营者和消费者的法律关系中可以看出，消费者的权利反言之就是经营者的义务，保护消费者的权益，约束经营者的行为，因此对于经营者的义务也有明确的规定。

履行法定义务及约定义务。经营者为消费者提供商品服务，需要按照法律法规的相关规定，履行相应的义务，双方需要在法律的约束下完成商品服务交易过程。

经营者有义务接受消费者的监督，接受消费者的意见和建议。

经营者为消费者提供的商品或服务需要保证其安全性，不能损害到消费者人身安全和财产安全，不能在使用的过程中无故发生不安全情况。同时，经营者需要为消费者提供相应的安全保证，让消费者能在一个安全的环境中选择购买商品，并且在享受商品带来的服务时，保证消费过程的安全。

经营者有义务向消费者提供商品服务相应的信息，并且保证这些信息的客观真实。

经营者需要保证商品的真实标志和商品名称，不能登记不实信息，避免消费者由于商品标志相似而产生误认的情况，影响消费者的正常判断。

经营者在提供商品和服务时，有义务向消费者出具凭证或单据。这些凭证单据是消费者索赔的凭证，也是消费者了解经营者的重要方式。

经营者需要保证商品和服务的质量，确保商品和服务的价值，保证商品和服务的正常使用。同时，向消费者传达商品和服务的真实信息，让消费者了解商品和服务的瑕疵。

三、争议的解决

在经营者为消费者提供商品和服务时，出现了权益上的争议，可以选择相应的解决途径：

（1）和解。经营者和消费者因为商品和服务等问题发生争议时，两者协商和解是首选的争议解决方式，尤其是一些争议并非是由于本质上的问题，可能是由于一些沟通不当的或者是态度上的误会，通过一些解释和其他措施，就能化解争议。和解必须要在双方自愿的前提下完成，如果双方具有较大的纠纷，并且立场严重对立，不能和解，需要选择其他方式。

（2）请求消费者协会调解。消费者协会是依法成立的对商品和服务进行社会监督的保护消费者合法权的社会团体。《消费者权益保护法》明确消费者协会具有七项职能，其中之一是对消费者的投诉事项进行调查、调解。消费者协会作为保护消费者权益的社会团体，调解经营者和消费者之间的争议，应依照法律、行政法规及公认的商业道德从事，并由双方自愿接受和执行。

（3）向有关行政部门申诉。政府有关行政部门依法具有规范经营者的经营行为、维护消费者合法权益和市场经济秩序的职能。消费者权益争议涉及的领域很广，当权益受到侵害时，消费者可根据具体情况，向不同的行政职能部门，如物价部门、工商行政管理部门、技术质量监督部门等提出申诉，以获得行政救济。

（4）提请仲裁。由仲裁机构解决争端，在国际国内商贸活动中被广泛采用。消费者权益争议亦可通过仲裁途径予以解决。不过，仲裁必须具备的前提条件是双方订有书面仲裁协议（或书面仲裁条款）。在一般的消费活动中，大多数情况下没有必要也没有条件签订仲裁协议。因此，在消费领域，很少有以仲裁方式解决争议的。

（5）向人民法院提起诉讼。消费者权益保护法及相关法律都规定，消费者权益受到损害时，可向人民法院提起民事诉讼；也可因不服行政部门对经营者的行政处罚决定而向人民法院提起行政诉讼。司法审判具有权威性、强制性，是解决各种争议的最后手段。消费者为求公正解决争议，可依法行使诉讼权。

四、违反《消费者权益保护法》的法律责任

（一）侵犯消费者合法权益的民事责任

1.一般规定

经营者在为消费者提供商品和服务时，除了要满足消费者权益保护法的相关法律内容规定，也应该满足其他的相关法律，对于违法法律规定的行为，需要承担相应的民事责任。如经营者提供具有缺陷的商品，本身这一商品在使用中会影响到实际性能的发挥，质量有影响，但是在销售中却没有向消费者提及，影响消费者正常的使用；为消费者提供的商品和实际保障上的内容不符，或者是销售数量、服务和内容与当初的约定有不同的情况，销售一些国家提出的需要淘汰的商品；对于消费者提出的合理需求，包括退货、换货、修理、更换等要求，拖延处理或者直接拒绝处理。除此之外，还有法律规定的其他情况。损害消费者的合法权益，经营者需要在相关法律的制约下承担相应的责任；在出现这一情况时，消费者也有权请求法律保护。

2. 特殊规定

（1）"三包"责任。在法律中明确规定，按照国家的相关要求，消费者和经营者约定了包修、包退、包换的商品，经营者需要承担相应的责任，在保修期内经过两次修理之后，仍然不能正常使用时，经营者需要退回货款或者更换商品。对于一些大件商品，消费者要求经营者按照三包要求，承担相应的运输费用。

（2）邮购商品中的民事责任。随着电子商务的发展，网购已经成为主要的趋势，人们足不出户就可以逛遍全球，并且直接在网络上下单购买商品。不过，由于电子商务特点的影响，消费者和经营者往往不能面对面直接交流，消费者也不能直接调查经营者的综合实力，很可能购买不到满意的商品或服务。对于这一情况，我国法律中有明确规定，以邮购方式购买的商品或服务，经营者需要按照规定为消费者提供商品和服务，对于不能满足消费者需求的行为，需要履行约定或者退款，并且为消费者支付合理的费用补偿。

（3）以收款方式提供商品或服务的责任。受到购买方式不同的影响，消费者有时需要向经营者交一些预付款，提供相应的商品或者服务之后再进行全款结算。在此过程中，经营者如果没有按照约定提供商品或服务，需要退回预付款，并承担相应的利息以及消费者支付的合理费用。

（4）消费者购买了商品和服务，经过行政部门认定不合格，消费者有权要求退换货，经营者不能无理由拒绝。根据法律规定，商品经过修理和更换之后仍然不能使用的，经营者需要给予退款；而质量本身不合格的商品，消费者想要退货，经营者需要直接满足其退货要求，不能以修理、更换等其他借口拖延或者拒绝消费者的合理需求。

3. 因提供商品或服务造成人身伤害、人格受损、财产损失的民事责任及赔偿范围

（1）人身伤害的民事责任。经营者提供商品服务时，造成消费者的人身损伤，包括伤残、死亡等，都需要承担相应的责任。消费者受伤治疗期间的医疗费用、护理费用和误工费用等，都需要经营者加以支付；造成消费者残疾的，除了这些费用之外，经营者还需要另外支付生活补助、赔偿以及生活费用等；直接导致消费者死亡或者是其他受害人使用商品死亡，经营者需要支付赔偿金、丧葬费以及死者需要承担的必要抚养义务产生的费用。

（2）侵犯消费者人格尊严、人身自由的民事责任。根据法律规定，在消费者的消费过程中，经营者应保证消费者的人格不受侵犯。出现问题时，经营者需要采取相应的赔偿手段，终止损害，消除不良影响，并且赔偿消费者相应的损失。

（3）财产损害的民事责任。财产损害主要是消费者由于购买商品和服务导致自己财产受到的损失。对于双方有争议的行为，可以选择按照约定加以处理。

4.对欺诈行为的惩罚性规定

我国《消费者权益保护法》第五十五条规定："经营者提供商品或者服务有欺诈行为的，应当按照消费者的要求增加赔偿其受到的损失，增加赔偿的金额为消费者购买商品的价款或者接受服务的费用的三倍。"我国法律具体规定了消费者的合法权益，惩处损害消费者合法权益的责任人，也鼓励消费者和欺诈行为做斗争。

（二）侵犯消费者合法权益的行政责任

1.应承担行政责任的情形

经营者采取欺诈行为，影响到消费者合法权益的，需要根据实际情况加以处理，包括生产销售的商品损害到了消费者的人身安全和财产安全，商品服务质量不符合相关要求，出现了以次充好，或者是商品质量本身不合格，但是在销售中却没有向消费者提及，影响到了消费者正常的使用。为消费者提供的商品和实际保障上的内容不符，或者是销售数量、服务和内容与当初的约定有不同的情况，销售一些国家提出的需要淘汰的水平。对于消费者提出的合理需求，包括退货、换货、修理、更换等要求，拖延处理或者直接拒绝处理。以及法律法规中规定的其他损害消费者权益的行为。

2. 行政处罚机关和处罚方式

根据消费者权益保护法中的内容，经营者损害到了消费者的合法权益，需要采取相应的行政处罚。处罚方式为改正、警告、没收、罚款等，严重者停业整顿，吊销营业执照。对于处罚，经营者可以提起行政复议。

（三）侵犯消费者合法权益的刑事责任

经营者提供的商品服务造成了消费者伤残、死亡，以不法手段胁迫国家工作人员不依法执行赔偿，干涉工作人员的正常执法过程，以及相关机关及工作人员在维护消费者利益时，包庇和纵容经营者不法的行为，工作人员和经营者勾结，损害到消费者的利益。出现这些情节之后，需要根据情节的严重性，追求相关责任人的刑事责任。

第三节　产品质量法律制度

一、概述

（一）产品质量与产品质量立法

产品质量涉及产品和质量两方面。什么是产品？广义上可泛指自然物之外的所有劳动产物。法律上所称产品则又因各国法律制度不同而有差异。

关于产品外延的界定有三个相关的国际公约：1972 年在荷兰海牙市签订的《关于产品责任法律适用的公约》赋予产品广泛的含义：指天然产品和工业产品，无论是未加工的还是加工的，也无论是动产还是不动产。1977 年，在法国斯特拉斯堡市签订的《关于人身伤亡的产品责任的欧洲公约》缩小产品范围，排除了不动产。1985 年《欧洲产品责任指令》再次缩小产品范围：指所有的动产，包括构成另一动产或不动产之一部分的物以及电力，但不包括原始农业产品和猎物。

由于概念的界定决定法律的适用，因而产品外延的界定涉及伦理道德问题。1979 年，我国商务部公布专家建议文本：具有真正价值的、为进入市场而生产的、能够作为组装整件或作为部件、零件交付的物品，但人体组织、器官、血液组成成分除外。

《中华人民共和国产品质量法》（以下简称《产品质量法》）规定："本法所称产品是指经过加工、制作，用于销售的产品。""建设工程不适用本法规定。"这表明《产品质量法》所指产品并不包括初级农产品和建筑产品。但是，建设工程使用的建筑材料、建筑构配件和设备，属于产品。另外，《产品质量法》也不适用军工产品。

什么是质量？依国际标准化组织颁布的 ISO8402—1994《质量术语》中所做的界定，质量是指"产品和服务满足规定或潜在需要的特征和特性的总和"。具体可包括适用性、性能、安全性、可靠性、维护性、美学性、经济性等产品的内在和外在因素。

我国 1993 年制定颁布《产品质量法》（2000 年、2009、2018 年分别修改），除此以外，有关产品质量的法律还包括《中华人民共和国标准化法》《中华人民共和国计量法》《中华人民共和国食品卫生法》《中华人民共和国药品管理法》《工业产品质量责任条例》《中华人民共和国认证认可条例》《中华人民共和国工业产品生产许可证管理条例》等。为了加强有关规定的实施，国家产品质量监督管理部门还制定了一些具体的管理办法，如《产品质量监督抽查管理暂行办法》《食品标识管理规定》《强制性产品认证管理规定》《药品生产质量管理规范》等。

《产品质量法》作为市场规制法的一部分，主要是从产品质量这一特定角度对经营者的市场行为起到正面规范的作用。

（二）产品质量监督管理机构

产品质量监督管理机构分为行政专职机构和行政有关机构。专职机构，指国家质量技术监督检验总局和地方各级质量技术监督部门（主要限于省级，有些市县政府并没有专设此机构）。有关机构，涉及行业主管部门、综合管理部门（如工商部门）等，在其职责范围内负责产品质量监督管理工作。国务院产品质量监督部门主管全国产品质量监督工作。国务院有关部门在各自的职责范围内负责产品质量监督工作。县级以上地方产品质量监督部门主管本行政区域内的产品质量监督工作。县级以上地方人民政府有关部门在各自的职责范围内负责产品质量监督工作。

同时，法律规定任何单位和个人有权对违反产品质量法规定的行为，向产品质量监督部门或者其他有关部门检举。产品质量监督部门和有关部门应当为检举人保密，并按照省、自治区、直辖市人民政府的规定给予奖励。

二、产品质量监督管理制度

国家为保证产品质量而采取的宏观管理和具体措施，构成产品质量监管的制度内容。

（一）产品质量检验制度

产品质量应当经检验机构检验合格。检验机构必须具备相应的检测条件和能力，并经有关部门考核合格后，方可承担检验工作。未经检验的产品视为不合格产品。

（二）产品质量标准（化）制度

我国现行的标准形式分国家标准、行业标准、地方标准和企业标准，其中国家标准和行业标准又分为强制性标准和推荐性标准。凡有关保障人体健康和人身财产安全的标准和法律、法规规定强制执行的标准为强制性标准，其他标准则为推荐性标准。强制性标准必须执行，不符合强制性标准的产品，禁止生产、销售和进口；推荐性标准，国家鼓励企业自愿采用。我国《产品质量法》第八条规定："可能危及人体健康和人身、财产安全的工业产品，必须符合保障人体健康和人身、财产安全的国家标准、行业标准；未制定国家标准、行业标准的，必须符合保障人体健康和人身、财产安全的要求。"

（三）商品质量认证认可制度

《中华人民共和国认证认可条例》（以下简称《认证许可条例》）规定，国家根据经济和社会发展的需要，推行产品、服务、管理体系认证。认证，是指由认证机构证明产品、服务、管理体系符合相关技术规范、相关技术规范的强制性要求或者标准的合格评定活动。目前，在认证活动方面，包括多种形式，主要有以下几种。

1.企业质量体系认证

这是指认证机构根据企业申请，对企业的产品质量保证能力和质量管理水平进行综合性评审，并对合格者颁发认证证书的活动。依规定，我国企业质量体系认证的依据是国际通用的质量管理标准，即国际标准化组织（ISO）推荐各国采用的ISO9000系列标准。企业根据自愿原则向认证机构申请企业质量体系认证。经认证合格的，由认证机构颁发企业质量体系认证证书。经过质量体系认证的企业，在申请生产许可证、产品质量认证及其他质量认证时，可免于质量体系审查。

2.（单一）产品质量认证

产品质量认证是指依据产品标准和相应的技术要求，经认证机构确认并通过颁发认证证书和认证标志，来证明某一产品符合相应标准和技术要求的活动。依规定，我国参照国际先进的产品标准和技术要求，推行产品质量认证。企业根据自愿原则向认证机构申请产品质量认证。经认证合格的，由认证机构颁发产品质量认证证书，准许企业在产品或其包装上使用产品质量认证标志。我国目前批准发布的产品质量认证标志主要有方圆标志（分合格认证标志和安全认证标志）、长城标志（电工产品专用）、PRC标志（电子元器件专用）等。

3.3C 认证

3C 认证/CCC 认证，即"中国强制性产品认证"，其英文名称为 China Compulsory Certification，缩写为 CCC。3C 认证，是按照世界贸易组织有关协议和国际通行规则，国家依法对涉及人类健康安全、动植物生命安全和健康，以及环境保护和公共安全的产品实行统一的强制性产品认证制度。

3C 认证的标志为"CCC"，是中国国家认证认可监督管理委员会根据《强制性产品认证管理规定》制定的。CCC 标志实施以后，逐步取代了原进口商品安全质量许可标志（CCIB 标志）和原电工产品安全认证标志（长城标志）。"CCC"认证标志分为四类，分别为：① CCC+S 安全认证标志；② CCC+EMC 电磁兼容类认证标志；③ CCC+S&E 安全与电磁兼容认证标志；④ CCC+F 消防认证标志。

4.GMP 认证

"GMP"是英文 Good Manufacturing Practice 的缩写，中文的意思是"良好作业规范"，或是"优良制造标准"，是一种特别注重制造过程中产品质量与卫生安全的自主性管理制度。它是一套适用于制药、食品等行业的强制性标准，要求企业从原料、人员、设施设备、生产过程、包装运输、质量控制等方面按国家有关法规达到卫生质量要求，形成一套可操作的作业规范帮助企业改善企业卫生环境，及时发现生产过程中存在的问题，加以改善。

GMP 提供了药品生产和质量管理的基本准则，药品生产必须符合GMP 的要求，药品质量必须符合法定标准。药品 GMP 认证是国家依法对药品生产企业（车间）和药品品种实施 GMP 监督检查并取得认可的一种制度，是国际药品贸易和药品监督管理的重要内容，也是确保药品质量稳定性、安全性和有效性的一种科学的先进的管理手段。同年，我国卫生部（现已撤销）于 1995 年成立中国药品认证委员会（China certification Committee for Drugs，缩写为 CCCD）。1998 年国家药品监督管理局成立后，建立了国家药品监督管理局药品认证管理中心。

5. 绿色食品认证

"绿色食品"指遵循可持续发展原则，按照特定生产方式生产，经专门机构认证，通过许可使用绿色食品标志的无污染的、安全的、优质的、营养类食品。绿色食品标志是指"绿色食品"、"Green Food"、绿色食品标志图形及这三者相互组合等四种形式，注册在以食品为主的共九大类食品上，并扩展到肥料等绿色食品相关类产品上。绿色食品的包装，包括包装材料的选择、包装尺寸、包装检验、抽样、标志与标签、贮存与运输等，都必须遵循相关规定。

绿色食品标志商标作为特定的产品质量证明商标，已由农业部中国绿色食品发展中心在国家工商行政管理局注册，其商标专用权受《中华人民共和国商标法》保护。凡具有生产"绿色食品"条件的单位和个人自愿使用"绿色食品"标志者，须向中国绿色食品发展中心或省（自治区、直辖市）绿色食品办公室提出申请，经有关部门调查、检测、评价、审核、认证等一系列过程,合格者方可获得"绿色食品"标志使用权。标志使用期为 3 年,到期后必须重新检测认证。

（四）产品质量监督检查制度

国家对产品质量实行以抽查为主要方式的监督检查制度,对可能危及人体健康和人身、财产安全的产品,影响国计民生的重要工业产品以及用户、消费者、有关组织反映有质量问题的产品进行抽查。

监督抽查工作由国务院产品质量监督管理部门规划和组织。县级以上地方人民政府管理产品质量监督工作的部门在本行政区域内也可以组织监督抽查,但是要防止重复抽查。产品质量抽查的结果应当公布。

（五）产品质量社会监督制度

依规定,用户、消费者有权就产品质量问题,向产品的生产者、销售者查询;向产品质量监督管理部门、工商行政管理部门及有关部门申诉,有关部门应当负责处理。保护消费者权益的社会组织可以就消费者反映的产品质量问题建议有关部门负责处理,支持消费者对因产品质量造成的损害向人民法院起诉。社会舆论单位也对产品质量具有监督作用。

（六）其他

除上述以外,法律、法规也还规定了其他有关产品质量监督管理的内容,如计量制度、生产许可证制度、进出口商品质量许可证制度、商品检疫制度、缺陷产品召回制度等。

三、产品质量义务与产品质量法律责任

（一）产品质量义务

《产品质量法》规定了经营者（包括生产者、销售者）的产品质量义务。

产品质量义务是指产品生产者、销售者应为一定行为，以保证产品质量，包括作为的义务和不作为的义务。立法对生产者、销售者分别做出了规定。

1. 生产者的产品质量义务

质量保证义务。生产者应当保证所生产产品的内在质量符合法定要求。这包括：①不存在危及人身、财产安全的不合理的危险，有保障人体健康和人身、财产安全的国家标准、行业标准的，应当符合该标准；②具备产品应当具备的使用性能，但是，对产品存在使用性能的瑕疵作出说明的除外；③符合在产品或者其包装上注明采用的产品标准，符合以产品说明、实物样品等方式表明的质量状况。

生产者对其产品的质量要负担保责任，包括明示担保和默示担保。明示担保是指其产品应符合在产品或其包装上注明采用的产品标准，符合以产品说明、实物样品等方式表明的质量状况。默示担保是指产品具备应当具备的使用性能（但对产品存在使用性能的瑕疵做出说明的除外）。

标识义务。生产者应当附加产品标识，并且标识要符合法定要求。依规定，除裸装的食品和其他根据产品的特点难以附加标识的裸装产品可以不附加产品标识外，其他任何产品均要在产品或其包装上附加标识，并且标识应当符合下列要求：①有产品质量检验合格证明；②有中文标明的产品名称、生产厂厂名和厂址；③根据产品的特点和使用要求，需要标明产品规格、等级、所含主要成分的名称和含量的，用中文相应予以标明；需要事先让消费者知晓的，应当在外包装上标明，或者预先向消费者提供有关资料；④限期使用的产品，应当在显著位置清晰地标明生产日期和安全使用期或失效日期；⑤使用不当，容易造成产品本身损坏或者可能危及人身、财产安全的产品，应当有警示标志或中文警示说明。

包装义务。产品包装应当符合要求。易碎、易燃、易爆、有毒、有腐蚀性、有放射性等危险物品以及储运中不能倒置和其他有特殊要求的产品，其包装必须符合相应要求，依照国家有关规定作出警示标志或用中文警示说明，标明储运注意事项。

不作为义务。包括：不得生产国家明令淘汰的产品；不得伪造产地，不得伪造或冒用他人的厂名、厂址；不得伪造或者冒用认证标志等质量标志；生产产品，不得掺杂、掺假，不得以假充真、以次充好，不得以不合格产品冒充合格产品。

2. 销售者的产品质量义务

进货检查验收义务。销售者应当建立并执行进货检查验收制度，验明产品合格证明和其他标识。

质量保证义务。销售者应当采取措施，保持销售产品的质量。

标识义务。销售者销售的产品应当附有标识，并符合法定要求。这与生产者的该项产品质量义务相同。

不作为义务。包括：不得销售国家明令淘汰并停止销售的产品和失效、变质的产品；不得伪造产地，不得伪造或冒用他人的厂名、厂址；不得伪造或冒用认证标志等质量标志；销售产品，不得掺杂、掺假，不得以假充真、以次充好，不得以不合格产品冒充合格产品。

（二）产品质量法律责任

产品质量法律责任，是指生产者、销售者以及对产品质量负有直接责任的人违反产品质量义务所应承担的法律后果，包括民事责任、行政责任和刑事责任，体现了综合责任的特点。

1. 产品质量民事责任

（1）产品合同责任。也称产品瑕疵担保责任，是指销售者提供的产品违反合同约定，致使用户、消费者造成财产损害所应承担的民事责任。

产品"瑕疵"有广义狭义之分。在广义上，产品不符合其应当具备的质量要求，即质量不合格，就构成瑕疵。这包括了一般性的质量问题和严重的质量问题。但在《产品质量法》和《消费者权益保护法》中，"瑕疵"一词是从狭义上被使用的，是与"缺陷"相区分而言的，指产品存在不合理危险以外的一般质量问题（如外观、使用性能等不合要求）。缺陷则是指产品存在不合理危险的严重质量问题。

1）责任条件。依规定，销售者售出的产品有以下情形的，销售者应承担产品合同责任：①不具备应当具备的使用性能，而事先未作说明；②不符合在产品或其包装上注明采用的产品标准；③不符合以产品说明、实物样品等方式表明的质量状况。

2）责任主体。产品合同责任的主体是销售者，因为销售者是合同的当事人。即使责任属于生产者或向销售者提供产品的供货者，销售者也应先向用户、消费者承担责任，然后再向生产者、供货者追偿。但是，销售者与生产者、供货者订立合同时，就产品瑕疵责任承担另有约定的，应按合同约定执行。

3）责任形式。①销售者负责修理、更换、退货;②给购买产品的用户、消费者造成损失的，销售者应当赔偿损失。

（2）产品侵权责任。也称产品责任，是指生产者、销售者因产品存在缺陷而造成他人人身、缺陷产品以外的其他财产（即他人财产）损害时所应承担的赔偿责任。

1）责任构成要件。①产品存在缺陷。缺陷的种类包括设计缺陷、制造缺陷、指示缺陷和发展缺陷。其中前三种缺陷要承担产品责任，而发展缺陷则可以免责。所谓发展缺陷是指产品在投入流通时的科学技术水平无法发现而后来又被证明确实存在的缺陷，即科学上不能发现的缺陷。指示缺陷是指在产品的说明书或标识上未给予适当警告或指示，致使产品存在不合理的危险性。②产品缺陷在销售时已经存在。③损害事实存在，即因产品存在缺陷已经给他人（包括用户或消费者和相关第三方）人身、财产造成损害。④产品缺陷与损害事实之间有因果关系。

2）责任主体。涉及产品的生产者和销售者。依法律规定，因产品存在缺陷造成他人人身、财产损害的，受害人可以向生产者要求赔偿，也可以向销售者要求赔偿。生产者和销售者应当承担连带责任，无论谁接到受害人的请求，都有义务先行赔偿，然后再依责任由其中一方向另一方追偿（即责任属于生产者，而销售者赔偿的，销售者有权向生产者追偿；责任属于销售者，而生产者赔偿的，生产者有权向销售者追偿）。

3）归责原则。《产品质量法》对生产者和销售者分别实行不同的归责原则。对生产者适用严格责任原则，严格责任不以债务人的过错为承担责任的要件，而是以是否违反法律规定或合同约定为依据。按照严格责任原则，只要因产品缺陷给他人造成了人身、财产损害，生产者不管有无过错都应承担赔偿责任。但是，生产者能够证明有下列情形之一的，不承担赔偿责任：①未将产品投入流通的；②产品投入流通时，引起损害的缺陷尚不存在的；③将产品投入流通时的科学技术水平尚不能发现缺陷的存在的。对销售者适用过错责任原则，即由于销售者的过错使产品存在缺陷，造成他人人身、财产损害的，销售者才承担赔偿责任。但是，销售者不能指明缺陷产品的生产者，也不能指明缺陷产品的供货者的，销售者应当承担赔偿责任。

4）损害赔偿范围。因产品存在缺陷造成受害人人身伤害的，侵害人应当赔偿医疗费、因误工减少的收入、残废者生活补助费等费用；造成受害人死亡的，还应当支付丧葬费、抚恤费、死者生前抚养的人必要的生活费等费用。因产品存在缺陷造成受害人财产损失的，侵害人应当恢复原状或折价赔偿；受害人因此遭受其他重大损失的，侵害人应当赔偿损失。

5）关于产品侵权责任的诉讼时效。因产品存在缺陷造成损害要求赔偿的诉讼时效期间为 2 年，自当事人知道或应当知道其权益受到损害时起计算。因产品存在缺陷造成损害要求赔偿的请求权，在造成损害的缺陷产品交付最初用户、消费者满 10 年丧失，但是尚未超过明示的安全使用期的除外。

另外，因产品质量发生民事纠纷时，当事人可以通过协商或调解解决。当事人不愿通过协商、调解解决或协商、调解不成的，可以根据当事人各方的协议向仲裁机构申请仲裁；当事人各方没有达成仲裁协议的，可以向人民法院起诉。

2. 产品质量行政责任

生产者、销售者违反产品质量义务，不仅可能承担民事责任，还要承担行政责任。行政责任主要有责令改正、责令停止生产（或销售）、没收违法生产（销售）的产品、没收违法所得、罚款、吊销营业执照等形式。依规定，生产者、销售者承担行政责任，主要发生在以下情形：①生产（销售）不符合保障人体健康，人身、财产安全的国家标准、行业标准的产品；②在产品中掺杂、掺假，以假充真、以次充好，或以不合格产品冒充合格产品；③生产国家明令淘汰的产品；④销售失效、变质产品；⑤伪造产品的产地，伪造或冒用质量标志和他人厂名、厂址；⑥产品标识不符合规定；⑦伪造检验数据或检验结论；⑧销售者未按照规定承担产品合同责任，给予修理、更换、退货或赔偿损失。

吊销营业执照的行政处罚由工商行政管理部门决定，其他行政处罚由管理产品质量监督工作的部门或工商行政管理部门按照国务院规定的职权范围决定。当事人对行政处罚决定不服的，可以在接到处罚通知之日起 15 日内向做出处罚决定的机关的上一级机关申请复议，也可以在上述期间内直接向人民法院起诉。当事人逾期不申请复议也不向法院起诉，又不履行处罚决定的，做出处罚决定的机关可以申请法院强制执行。

3.产品质量刑事责任

生产者、销售者违反产品质量义务，情节严重，构成犯罪的，要承担刑事责任。对此，《产品质量法》和《刑法》都做出了规定，《刑法》在第一百四十条至一百五十条专门规定了生产、销售伪劣商品罪及其刑事责任。主要涉及以下方面：①在产品中掺杂、掺假，以假充真，以次充好或者以不合格产品冒充合格产品，销售金额在五万元以上；②生产、销售假药，足以严重危害人体健康，生产、销售劣药，对人体健康造成严重危害；③生产、销售不符合卫生标准的食品，足以造成严重食物中毒事故或者其他严重食源性疾患；④在生产、销售的食品中掺入有毒、有害的非食品原料，或者销售明知掺有有毒、有害的非食品原料的食品；⑤生产、销售不符合保障人体健康和保障人身、财产安全的国家标准、行业标准的医疗器械、医用卫生材料、电器、压力容器、易燃易爆产品等，对人体健康造成严重危害或造成严重危害后果；⑥生产、销售假农药、假兽药、假化肥、假种子，使农业生产遭受较大损失；⑦生产、销售不符合卫生标准的化妆品，造成严重后果。

第四章　经济法中的市场主体法律

第一节　公司运营法律制度

一、公司法概述

（一）公司的概念与特征

1.公司的概念

《中华人民共和国公司法》（以下简称《公司法》）第二条规定："本法所称公司是指依照本法在中国境内设立的有限责任公司和股份有限公司。"第三条规定："公司是企业法人，有独立的法人财产，享有法人财产权。公司以其全部财产对公司的债务承担责任。有限责任公司的股东以其认缴的出资额为限对公司承担责任；股份有限公司的股东以其认购的股份为限对公司承担责任。"从上述分析可以看出，公司就是按照《公司法》的要求和步骤设立的以营利为目的的企业法人。

2.公司的特征

公司是现代社会最常见的企业组织形式，具有以下特征：

（1）营利性。设立公司的宗旨就是通过营业活动取得经济利益，并通过合理的利润分配使股东获得收益。营利性是公司其内在的特点，也是公司存在的主要价值。

（2）法人性。公司的法人具备独特的资格，享有法人财产权，对外依法独立承担民事责任。

（3）法定性。公司必须依法定条件和法定程序设立，组织机构和活动原则必须符合法律规定。

（二）公司的分类

公司按照不同的标准，可有不同的分类

（1）以公司股东责任的不同，公司可以分为无限责任公司、两合公司、股份两合公司、有限责任公司、股份有限公司。

（2）以公司信用基础为标准，公司可以分为人合公司、合资公司以及人资兼合公司。

（3）以公司之间的组织关系为标准，公司可以分为母公司与子公司、总公司和分公司。我国《公司法》第十四条规定："公司可以设立分公司。设立分公司，应当向公司登记机关申请登记，领取营业执照。分公司不具有法人资格，其民事责任由公司承担。""公司可以设立子公司，子公司具有法人资格，依法独立承担民事责任。"

（4）以公司的国籍为标准，公司可以分为本国公司、外国公司和跨国公司。本国公司是指依照我国《公司法》在中国境内登记成立的公司。外国公司是根据外国公司法在中国境内登记成立的公司。跨国公司是以本国作为核心，在多个国家和地区展开经营，从事国际范围内的经营公司。

（三）公司法的概念

《公司法》能对公司整个变化过程中发生社会关系时运用的法律。《公司法》是公司生产经营的主要依据。1993 年 12 月 29 日，我国第八届全国人民代表大会常务委员会第五次会议通过了《公司法》，该法于 1994 年 7 月 1 日起施行。2005 年 10 月 27 日，我国第十届全国人民代表大会常务委员会第十八次会议对《公司法》再次进行了修订，并于 2006 年 1 月 1 日起施行。2013 年 12 月 28 日第十二届全国人民代表大会常务委员会第六次会议通过关于修改《公司法》的决定，自 2014 年 3 月 1 日起施行。

二、有限责任公司

（一）有限责任公司的概念与特征

有限责任公司是指五十人以下股东投资，每个股东承担公司责任，公司以其全部财产对其债务承担责任的企业法人。

有限责任公司的特征：

（1）股东责任的有限性。有限责任公司的股东仅以其出资额为限对公司的债务承担有限责任，股东的个人财产和公司的债务相互不受影响，不能用来清偿公司的债务。

（2）股东出资的非股份性。有限责任公司的全部财产不划分为等额股份。股东按确定的出资比例进行出资，并以股东的出资额量化股东在公司中的责任。

（3）公司资本的封闭性。资本由所有股东提供，不能公开向社会募集，不能发行股票，具有资本来源的封闭性。

（4）股东人数的限制性。公司以股东之间的信任为基础，决定了股东人数不宜过多。

（5）设立程序和组织机构的简便性。有限责任公司只能采取发起设立，而无募集设立，故设立程序较为简便。有限责任公司的组织机构也比较简单，若股东人数较少或规模较小，可以不设董事会和监事会，一人有限责任公司和国有独资公司不设股东会。

（二）有限责任公司的设立条件

1.股东符合法定人数

公司的发起人是指设立公司时签署协议、认缴出资的人。禁止党政机关及国家公务人员作为公司的发起人，禁止限制民事行为能力及无行为能力的个人作为公司的发起人，对发起人的国籍则没有具体限制。

2.有符合公司章程规定的全体股东认缴的出资额

公司资本是公司人格的绝对性构成要素之一，也是公司具有权利能力和责任能力的财产基础，公司资本要在公司章程中予以明确确定。

（1）注册资本的定义。有限责任公司的注册资本为在公司登记机关登记的全体股东认缴的出资额。法律、行政法规以及国务院决定对有限责任公司注册资本实缴、注册资本最低限额另有规定的，从其规定。我国《公司法》对有限责任公司注册资本的规定采用的是认缴登记制。

（2）出资方式的规定。股东可以用货币出资，也可以用实物、知识产权、土地使用权等可以用货币估价并可以依法转让的非货币财产作价出资；但是，法律、行政法规规定不得作为出资的财产除外。对作为出资的非货币财产应当评估作价，核实财产，不得高估或者低估作价。法律、行政法规对评估作价有规定的，从其规定。

（3）出资违约责任。股东应当按期足额缴纳公司章程中规定的各自所认缴的出资额。股东以货币出资的，应当将货币出资足额存入有限责任公司在银行开设的账户；以非货币财产出资的，应当依法办理其财产权的转移手续。股东不按照前款规定缴纳出资的，除应当向公司足额缴纳外，还应当向已按期足额缴纳出资的股东承担违约责任。

3.股东共同制定公司章程

有限责任公司章程应当载明下列事项：公司名称和住所；公司经营范

围；公司注册资本；股东的姓名或者名称；股东的出资方式、出资额和出资时间；公司的机构及其产生办法、职权、议事规则；公司法定代表人；股东会会议认为需要规定的其他事项。

（三）有限责任公司的设立程序

（1）确定公司生产经营制度。所有股东参与到制度制定中，并经由所有股东认可签字盖章之后生效。

（2）申请公司名称。根据《企业名称登记管理实施办法》第二十二条的规定，设立公司应当申请名称预先核准。

（3）设立审批。这一程序并非所有有限责任公司设立的必要程序，对于一些在法律规定下的特殊的公司，需要提前办理手续。

（4）足额缴纳出资。股东在依法定方式、法定比例认缴出资后，应按期足额缴纳公司章程中规定的各自所认缴的出资额。

（5）申请设立登记。股东认足公司章程规定的出资后，由全体股东指定的代表或者共同委托的代理人向公司登记机关报送公司登记申请书、公司章程等文件，申请设立登记。

（6）登记发照。登记机关对符合《公司法》规定条件申请人，发放营业执照，其签发日期为公司成立的日期，而对于不符合规定的公司，不能登记。相应的公司取得法人资格，可以公司的名义对外从事经营活动。

三、特殊的有限责任公司

（一）一人有限责任公司

1. 一人有限责任公司的概念与特征

一人有限公司只有一个自然人或者法人，是一种特殊的类型。其法律特征为：①只有一个自然人股东或者一个法人股东；②股东承担有限责任，仅以其出资额为限对公司债务承担有限责任；③不设股东会。股东行使相应职权做出决定时，应当采用书面形式，并由股东签字后置备于公司。

2.一人有限责任公司的特别规定

一个自然人只能投资设立一个一人有限责任公司。该一人有限责任公司不能投资设立新的一人有限责任公司。一人有限责任公司应当在公司登记中注明自然人独资或者法人独资，并在公司营业执照中载明。一人有限责任公司应当在每一会计年度终了时编制财务会计报告，并经会计师事务所审计。一人有限责任公司的股东不能证明公司财产独立于股东自己的财产的，应当对公司债务承担连带责任。

（二）国有独资公司

1.国有独资公司的概念和特征

国有独资公司，是指国家单独出资、由国务院或者地方人民政府授权本级人民政府国有资产监督管理机构履行出资人职责的有限责任公司。

其法律特征为：①在本质上是一人公司，只有一个国家股东；②代表国家履行出资人职责的必须是国务院或者地方人民政府委托本级政府的国家资产监督管理机构；③国有独资公司不设股东会，由国有资产监督管理机构行使股东会职权。

2.国有独资公司组织机构的特别规定

（1）国有独资公司不设股东会，由国有资产监督管理机构行使股东会职权。国有资产监督管理机构可以授权公司董事会行使股东会的部分职权，决定公司的重大事项，但公司的合并、分立、解散、增加或者减少注册资本和发行公司债券，必须由国有资产监督管理机构决定；其中，重要的国有独资公司合并、分立、解散、申请破产的，应当由国有资产监督管理机构审核后，报本级人民政府批准。

（2）国有独资公司设董事会，董事每届任期不得超过三年。董事会成员中应当有公司职工代表。董事会成员由国有资产监督管理机构委派；但是，董事会成员中的职工代表由公司职工代表大会选举产生。董事会设董事长一人，可以设副董事长。董事长、副董事长由国有资产监督管理机构从董事会成员中指定。

（3）国有独资公司监督机关的特别规定。国有独资公司设监事会，其成员不得少于五人，其中职工代表的比例不得低于三分之一，具体比例由公司章程规定。监事会成员由国有资产监督管理机构委派；但是，监事会成员中的职工代表由公司职工代表大会选举产生。监事会主席由国有资产监督管理机构从监事会成员中指定。

四、股份有限公司

（一）股份有限公司的概念与特征

在股份有限公司中，所有资本分成不同的股份，然后股东对整个股份负责，并且其他人员为企业法人。具有如下特征。

1. 公司组织的资金性

股份有限公司实行严格的资本确定原则、资本维持原则和资本不变原则。股份有限责任公司对外的信用在于公司的资本，与公司成员的信用无关，这明显区别于人合公司。

2. 资本募集的公开性

股份有限公司可以通过对外公开发行股票，向社会募集资金。公司资本的公开募集有利于广泛吸收社会资金，积少成多，形成规模型企业所需的资本。

3. 股份转让的自由性

股份有限公司的股份依法可以自由转让，上市公司的股份可以在证券交易所上市流通。股份转让的自由性也决定股东的变迁性，公众只要支付股金、购买股票就可以成为公司的股东；也可以在法定场所依法定方式抛售股票，转让自己的股东身份。

4.公司资本的股份性

把股份有限公司的全部资本划分为股份，且每股的金额又是相等的。股份是公司资本的最小计算单位，一股一权，权数与持股数成正比，股东权的计算、行使、转让均以股份为单位。

5.股东责任的有限性

股份有限公司的股东认购公司的股份，对公司承担相应的责任。

（二）股份有限公司设立的条件

（1）发起人符合法定人数。发起人是指依法筹建股份有限公司事务的人，设立股份有限公司，应当有二人以上二百人以下的发起人，其中须有半数以上的发起人在中国境内有住所。发起人应当签订发起人协议，明确各自在公司设立过程中的权利和义务。

（2）有符合公司章程规定的全体发起人认购的股本总额或者募集的实收股本总额。股份有限公司采取发起设立方式设立的，注册资本为在公司登记机关登记的全体发起人认购的股本总额。在发起人认购的股份缴足前，不得向他人募集股份。股份有限公司采取募集方式设立的，注册资本为在公司登记机关登记的实收股本总额。法律、行政法规以及国务院决定对股份有限公司注册资本实缴、注册资本最低限额另有规定的，从其规定。以发起设立方式设立股份有限公司的，发起人应当书面认足公司章程规定其认购的股份，并按照公司章程规定缴纳出资。以非货币财产出资的，应当依法办理其财产权的转移手续。

（3）股份发行、筹办事项符合法律规定。发起人在筹办事项时，必须符合法律规定的条件和程序。

（4）发起人制订公司章程，采用募集方式设立的经创立大会通过。公司章程是关于公司组织及其活动的基本规章。发起设立方式设立的股份有限公司，由全体发起人共同制订公司章程；对于募集方式设立的股份有限公司，发起人制订章程，还应当经创立大会通过。

（5）有公司名称，建立符合股份有限公司要求的组织机构。

（6）有公司住所。公司的主要办事机构所在地或公司的注册地为住所。

（三）股份有限公司的设立方式与程序

发起设立，即共同设立或者单纯设立，是指由发起人认购公司应发行的全部股份而设立公司。募集设立是指发起人首先认购公司应发行股份总额的一定比例，其余的部分向社会公开募集或者向特定对象募集而设立公司。不同的设立方式其程序也不同。

1. 发起设立方式的设立程序

（1）发起人签署相关协议，确定在公司中的权利和义务。

（2）发起人书面认购公司章程规定的股份。

（3）缴纳出资。

（4）选举董事会和监事会。

（5）申请设立登记。由董事会向公司登记机关报送公司章程以及法律、行政法规规定的其他文件，申请设立登记。

（6）登记发照。登记机关对符合法律规定的公司发放执照，公司营业执照签发日期为公司成立日期。

2. 募集设立方式的设立程序

（1）发起人签署相关协议，确定在公司中的权利和义务。

（2）发起人认购股份。发起人认购的股份不得少于公司股份总数的

35%；但是，法律、行政法规另有规定的，从其规定。

（3）向社会公开募集股份。发起人必须公告招股说明书，并制作认股书。

（4）召开创立大会。发行股份的股款缴足后，须经依法设立的验资机构验资并出具证明。发起人应当自股款缴足之日起三十日内主持召开公司创立大会。创立大会由发起人、认股人组成。

（5）申请设立登记。董事会应于创立大会结束后三十日内，向公司登记机关报送文件，申请设立登记。

（6）登记发照。登记机关对符合法律规定的公司发放执照，公司营业执照签发日期为公司成立日期。

（四）股份有限公司的股份发行与转让

1.股份有限公司的股份发行

划分股份有限公司资本，确认股东权益，以股票为其表现形式的基本计量单位。股票是公司签发的证明股东所持股份的凭证。因此，股份的表现形式是股票，在股份和股票的关系上，股份是股票的实质内容，股票是股份的直接表现形式。

设立发行是指公司在设立过程中为筹集资本而发行股份的行为。新股发行是在股份有限公司成立以后，为筹集营运资金，或者为实现其他目的而发行股份的行为。我国《公司法》第一百二十七条规定，股票发行价格可以按票面金额，也可以超过票面金额，但不得低于票面金额。

2.股份有限公司的股份转让

股东将股份转让给其他人，从而使他人成为公司股东的行为。我国《公司法》第一百三十七条规定，股东持有的股份可以依法转让。

我国《公司法》对股份转让的限制主要体现在以下几个方面：

（1）对股份转让场所的限制。股东转让其股份，应当在依法设立的证券交易场所进行或者按照国务院规定的其他方式进行。

（2）对发起人转让股份的限制。发起人持有的本公司股份，自公司成立之日起一年内不得转让。公司公开发行股份前已发行的股份，自公司股票在证券交易所上市交易之日起一年内不得转让。

（3）对公司负责人转让股份的限制。公司董事、监事、高级管理人员应当向公司申报所持有的本公司的股份及其变动情况，在任职期间每年转让的股份不得超过其所持有本公司股份总数的百分之二十五；所持本公司股份自公司股票上市交易之日起一年内不得转让。上述人员离职后半年内，不得转让其所持有的本公司股份。公司章程可以对公司董事、监事、高级管理人员转让其所持有的本公司股份作出其他限制性规定。

（4）对公司收购本公司股份的限制。公司不得收购本公司股份，但是有下列情形之一的除外：①减少公司注册资本；②与持有本公司股份的其他公司合并；③将股份用于员工持股计划或者股权激励；④股东因对股东大会作出的公司合并、分立决议持异议，要求公司收购其股份。

公司因前款第①项、第②项规定的情形收购本公司股份的，应当经股东大会决议。公司依照前款规定收购本公司股份后，属于第①项情形的，应当自收购之日起十日内注销；属于第②项、第④项情形的，应当在六个月内转让或者注销。

五、公司的组织机构

公司的组织机构是公司的权力机关，执行机关和监督机关等机构的总称。公司组织机构的设置因公司股东人数多少、规模大小而有所不同。

（一）股东会（股东大会）

股东是公司的投资人，股东会（股东大会）是由全体股东所组成的最高权力机构，决定公司的一切重大问题。

1. 股东会（股东大会）的职权

股东会是有限责任公司的权力机构，其职权包括：①决定公司的经营方针和投资计划；②选举和更换非由职工代表担任的董事、监事，决定有关董事、监事的报酬事项；③审议批准董事会的报告；④审议批准监事会或者监事的报告；⑤审议批准公司的年度财务预算方案、决算方案；⑥审议批准公司的利润分配方案和弥补亏损方案；⑦对公司增加或者减少注册资本作出决议；⑧对发行公司债券作出决议；⑨对公司合并、分立、解散、清算或者变更公司形式作出决议；⑩修改公司章程；⑪ 公司章程规定的其他职权。

股东大会是股份有限公司的权力机构，由全体股东组成，股份有限公司的股东大会行使的职权与有限责任公司的股东会基本相同。

2. 股东会（股东大会）会议制度

股东会会议分为定期会议和临时会议。定期会议应当依照公司章程的规定按时召开。由于实践中该期限多为一年，因此又可以称为股东会年度会议。临时会议是指根据情况，依照法定程序不定时召开的股东会会议。代表十分之一以上表决权的股东或三分之一以上的董事，监事会或者不设监事会的公司的监事提议召开临时会议的，应当召开临时会议。根据《公司法》的规定，股东大会应当每年召开一次年会，有下列情形之一的，应当在两个月内召开临时股东大会：①董事人数不足本法规定的人数或者公司章程所定人数的三分之二时；②公司未弥补的亏损达实收股本总额三分之一时；③单独或者合计持有公司股份百分之十以上股份的股东请求时；

④董事会认为必要时；⑤监事会提议召开时；⑥公司章程规定的其他情形。

股东会会议的召集与主持：有限责任公司设立董事会的，股东会会议由董事会召集，董事长主持；董事长不能履行职务或者不履行职务的，由副董事长主持；副董事长不能履行职务或者不履行职务的，由半数以上董事共同推举一名董事主持。有限责任公司没有董事会存在，需要在股东会议中按照执行董事的要求履行相关职能，如果不能履行职能的前提下，需要股东自己召集后主持。

在股东会议召开时，需要在会议召开前半个月通知，其他事宜根据公司具体的要求来执行。

股东大会会议需要董事会召集，董事长履行职务，并且主持会议召开，董事长不能履行职务时，需要剩余董事推举一名董事长主持。董事会不能履行职责，需要监事会履行，而监事会不能履行时，需要股东自动开展。在股东会议大会召开时，提前通知会议召开时间、地点。

（二）董事会

董事会是公司的业务执行机构或者经营管理机关，由股东会产生且对它负责。它对内有权执行公司业务，对外有权代表公司，属于常设性机构。

董事会会议由董事长召集和主持；董事长不能履行职务或者不履行职务的，由副董事长召集和主持；副董事长不能履行职务或者不履行职务的，由半数以上董事共同推举一名董事召集和主持。

（三）经理

公司的经理是辅助董事会执行业务并隶属于董事会的代理机构。经理对董事会负责，行使公司的经营管理权。依照公司章程的规定，经理是可以担任公司法定代表人的。有限责任公司可以设经理，由董事会决定聘任或者解聘。股份有限公司设经理，由董事会决定聘任或者解聘，公司董事会可以决定由董事会成员兼任经理。有限责任公司经理职权与股份有限公司相同。

（四）监事会

监事会是对有限责任公司的监督、检查机构，是对公司董事和高级管理人员的经营管理行为以及公司财务进行监管的常设机构。监事可以列席董事会会议，并对董事会决议事项提出质询或者建议。

六、《公司法》的其他规定

（一）公司的财务会计报告

公司应当在每一会计年度终了时编制财务会计报告，并依法经会计师事务所审计。公司的财务会计报告主要包括：资产负债表、损益表（利润表）、现金流量表、财务情况说明书、利润分配表。

（二）公司的利润分配

公司应当按如下顺序进行利润分配：

（1）弥补以前年度的亏损，但不得超过税法规定的弥补期限。

（2）缴纳所得税。

（3）弥补在税前利润弥补亏损之后仍存在的亏损。

（4）提取法定公积金。公积金是公司在资本之外所保留的资金金额，又称附加资本或准备金。公司分配当年税后利润时，应当提取利润的10%作为公司法定公积金，公司法定公积金累计额为公司注册资本的50%以上的，可以不再提取。法定公积金用于弥补亏损，转增资本，扩大生产经营。任意公积金的提取由股东大会决定。

（5）提取任意公积金。任意公益金是指根据公司股东会、股东大会决议于法定公积金提取后从公司当年利润中再行提取的积累资金。我国《公司法》对任意公积金的提取采取授权方式，任意公积金的提取数额与使用方向由公司决定。

（6）向股东分配利润（股利）。股利是股息红利的统称，是指除股息以外向股东分配的公司盈余。公司在纳税、弥补亏损、提取公积金之前不得分配股利。公司持有的本公司股份不得分配利润。

（三）公司的合并与分立

公司的合并是指两个以上的公司依照法定程序变为一个公司的行为。公司的分立是指一个公司依法分为两个以上的公司。

（四）注册资本的增加或减少

股份有限公司为增加注册资本发行新股时，股东认购新股应当按照设立股份有限公司缴纳股款的有关规定执行。公司需要减少注册资本时，必须编制资产负债表及财产清单。

（五）公司的破产、解散和清算

公司因不能清偿到期债务，经该公司或其债权人向有管辖权的人民法院提出申请，被依法宣告破产的，由人民法院依照有关法律规定，组织股东、有关机关及有关专业人员成立清算组，对公司进行破产清算。公司的解散是一种丧失法人资格的行为。公司解散应依法成立清算组进行清算。

（六）法律责任

1.发起人（股东）的法律责任

公司的发起人、股东虚假出资，未交付或者未按期交付作为出资的货币或者非货币财产的，由公司登记机关责令改正，处以虚假出资金额百分之五以上百分之十五以下的罚款。公司的发起人、股东在公司成立后，抽逃其出资的,由公司登记机关责令改正,处以所抽逃出资金额百分之五以上百分之十五以下的罚款。

2.公司董事、监事、高级管理人员的法律责任

公司董事对参与董事会的决定所造成的损失承担赔偿责任。没有股东大会决议,以公司资产为本公司的股东或者其他个人债务提供担保的;违反《公司法》规定,自营或者为他人经营与其所任职公司同类营业的违法行为,分别承担赔偿、责令退还公司财产的民事责任;承担没收违法所得、责令取消担保、行政处分的行政责任;构成犯罪的承担刑事责任。

第二节 一般企业法律制度

一、个人独资企业法

(一)个人独资企业的概念和特征

个人独资企业是指在中国境内依法设立的,由一个自然人投资,财产为投资人个人所有,投资人以其个人财产对企业债务承担无限责任的经营实体。

个人独资企业具有以下特征:

(1)个人独资企业是由一个自然人投资设立的。根据《中华人民共和国个人独资企业法》(以下简称《个人独资企业法》)的规定,设立个人独资企业只能是一个自然人,且只限于具有完全民事行为能力的中国公民。

(2)个人独资企业的投资人对企业的债务承担无限责任。由于个人独资企业的投资人以其个人财产对企业债务承担无限连带责任,因此,《个人独资企业法》对个人独资企业的注册资本以及投资人的出资数量和方式

没有做出任何强制性规定，而企业的债权人债权的实现在很大程度上依赖于投资人的信用和偿债能力。

（3）个人独资企业不具有法人资格。个人独资企业虽然不具有法人资格，但却是独立的民事主体，可以自己的名义从事民事活动。

（二）个人独资企业的设立

1. 个人独资企业设立的条件

根据《个人独资企业法》第八条规定，个人独资企业的设立应当具备下列条件：

（1）投资人为一个自然人。设立个人独资企业，投资人应当是具有完全民事行为能力的中国国籍的自然人。法律、行政法规禁止从事营利性活动的人。

（2）有合法的企业名称。个人独资企业的名称应当与其责任形式和经营内容及范围相符合。

（3）有投资人申报的出资。个人独资企业的资本实行申报注册登记制度。由于个人独资企业的投资人以其个人财产对企业债务承担无限责任，债权人可以通过追究投资人个人的财产责任来保障自己债权的实现，因此，《个人独资企业法》对设立个人独资企业的最低资本数额未做限制。

（4）有固定的生产经营场所和必要的生产经营条件；有必要的从业人员。根据我国现行法律的规定，个人独资企业设立时必须达到行业要求、安全生产技术要求、环保要求和产业政策等要求。

2. 个人独资企业的设立程序

（1）投资者提出设立申请

《个人独资企业法》第九条规定，申请设立个人独资企业，应当由投资人或者其委托的代理人向个人独资所在地的登记机关提交设立申请书、投资人身份证明、生产经营场所使用证明等文件。委托代理人申请设立登记时，应当出具投资人的委托书和代理人的合法证明。个人独资企业设立申请书应当载明下列事项：①企业的名称和居所；②投资人的姓名和住所；③投资人的出资额和出资方式；④经营范围。

（2）登记机关审查、登记

《个人独资企业法》第十二条规定，登记机关应当在收到设立申请文件之日起十五日内，对符合本法规定的予以登记，发给营业执照；对不符合本法规定条件的，不予登记，并应当给予书面答复，说明理由。个人独资企业营业执照的签发日期，为个人独资企业的成立日期。

（三）个人独资企业的投资人及事务管理

个人独资企业投资人可以自行管理企业事务，也可以委托或者聘用其他具有民事行为能力的人负责企业的事务管理。投资人委托或者聘用他人管理个人独资企业事务，应当与受托人或者被聘用的人签订书面合同，明确委托的具体内容、授予的权利范围、委托人或者被聘用的人应履行的义务、报酬和责任等。受托人或者被聘用的人员应当履行诚信、勤勉义务，以诚实信用的态度对待投资人、对待企业，尽其所能依法保障企业利益，按照与投资人签订的合同负责个人独资企业的事务管理。需要指出的是，投资人对受托人或者被聘用的人员职权的限制，不得对抗善意第三人。

（四）个人独资企业的权利义务

1. 个人独资企业的权利

根据《个人独资企业法》的规定，个人独资企业可以依法申请贷款、依法取得土地使用权，并享有法律、行政法规规定的其他权利。任何单位和个人不得违反法律、行政法规的规定，以任何方式强制个人独资企业提供财力、物力、人力；对于违反强制提供财力、物力、人力的行为，个人独资企业有权拒绝。

2. 个人独资企业的义务

个人独资企业从事经营活动必须遵守法律、行政法规，遵守诚实信用原则，不得损害社会公共利益；应当依法履行纳税义务；应当依法设立会计账簿，进行会计核算；应当依法保障职工权益。

（五）个人独资企业的解散和清算

1. 个人独资企业的解散

《个人独资企业法》第二十六条规定，个人独资企业具有下列情形时应当解散：

①投资人决定解散；②投资人死亡或者被宣告死亡，无继承人或者继承人决定放弃继承；③被依法吊销营业执照；④法律、行政法规规定的其他情形。

2. 个人独资企业的清算

《个人独资企业法》第二十七条规定，个人独资企业解散，由投资人自行清算或者由债权人申请人民法院指定清算人清算。投资人自行清算的，应当在清算前十五日内书面通知债权人，无法通知的，应当予以公告。债权人应当在接到通知之日起三十日内，未接到通知的应当在公告之日起六十日内，向投资人申报其债权。

二、合伙企业法

（一）合伙企业的概念和特征

1. 合伙企业的概念

合伙企业是指自然人、法人和其他组织依照《中华人民共和国合伙企业法》（以下简称《合伙企业法》）在中国境内设立的普通合伙企业和有限合伙企业。

2.合伙企业的特征

合伙企业作为企业的一种组织形式，除了具有企业的一般特征外，还具有不同于个人独资企业、公司企业的特殊之处。其主要特征表现在：①合伙企业是不具有法人资格的营利性经济组织；②投资主体为两人以上，以合伙协议为合伙企业成立的基础；③合伙人共同投资、合伙经营，共享利益，共担风险；④普通合伙人对合伙企业债务承担无限连带责任。

（二）合伙企业的设立

1.合伙企业的设立条件

（1）有二个以上合伙人，至少有一个以上的合伙人对企业债务承担无限责任。合伙人为自然人的，应当具备完全民事行为能力，且无法律禁止从事营利性活动的资格限制，如不得为公务员、军人等。合伙的最低人数为二人。普通合伙企业由自然人、法人和其他组织等普通合伙人组成，国有独资公司、国有企业、上市公司以及公益性的事业单位、社会团体不得成为普通合伙人。合伙人为自然人的，应当具有完全民事行为能力。

（2）有书面合伙协议。合伙协议是指合伙人为设立合伙企业而达成的规定合伙人之间权利义务关系的协议。合伙协议应当依法由全体合伙人协商一致，以书面形式订立。《合伙企业法》第十八条规定，合伙协议必须载明下列事项：①合伙企业的名称和主要经营场所的地点；②合伙目的和合伙经营范围；③合伙人的姓名或者名称、住所；④合伙人的出资方式、数额和缴付期限；⑤利润分配、亏损分担方式；⑥合伙事务的执行；⑦入伙与退伙；⑧争议解决办法；⑨合伙企业的解散；⑩违反责任。

（3）有各合伙人实际缴付的出资。合伙人以实物、知识产权、土地使用权或者其他财产权利出资，需要评估作价的，可以由全体合伙人协商确定，也可以由全体合伙人委托法定评估机构评估。以非货币财产出资的，依照法律、行政法规的规定，需要办理财产权转移手续的，应当依法办理。

（4）有合伙企业的名称。合伙企业的名称是代表合伙企业的文字符号，是与其他企业相区别并被社会识别的标志。

（5）有固定的经营场所和从事合伙经营的必要条件。固定的经营场所和从事合伙经营的必要条件是合伙企业成立的物质基础和保障。

2.合伙企业的设立程序

申请设立合伙企业，应当向企业登记机关提交登记申请书、合伙协议书、合伙人身份证明等文件。合伙企业的经营范围中有属于法律、行政法规规定在登记前须经批准的项目的，该项经营业务应当依法经过批准，并在登记时提交批准文件。此外，《合伙企业法》还规定有限合伙企业登记事项中应当载明有限合伙人的姓名或者名称及认缴的出资数额。

申请人提交的登记申请材料齐全、符合法定形式，企业登记机关能够当场登记的，应予当场登记，发给营业执照。除前款规定情形外，企业登记机关应当自受理申请之日起二十日内，做出是否登记的决定，予以登记的，发给营业执照；不予登记的，应当给予书面答复，并说明理由。合伙企业的营业执照签发日期，为合伙企业成立日期。

（三）合伙企业的财产及事务管理

1.合伙企业财产及构成

《合伙企业法》第二十条规定，合伙人的出资、以合伙企业名义取得的收益和依法取得的其他财产，均为合伙企业的财产。具体包括：①全体合伙人的出资形成的财产。合伙人的出资是合伙企业财产最原始的构成部分。②合伙企业在经营过程中占有、使用的除出资部分的那部分财产。包括合伙企业购置的资产、合伙企业的营业收入、合伙企业受赠的财产、合伙企业获得的赔偿等。③合伙企业经营过程中的以收益形成的企业增值财产。④合伙企业的债权。

2. 合伙企业财产的管理和处分

（1）共有共管

合伙企业的财产由全体合伙人依照《合伙企业法》的规定及合伙协议的约定共同管理和使用。除法律另有规定外，合伙人在合伙企业清算前，不得请求分割合伙企业的财产。合伙人在合伙企业清算前私自转移或者处分合伙企业财产的，合伙企业不得以此对抗善意第三人。合伙企业的合伙财产具有共有财产的性质，对合伙财产的占有、使用、收益和处分，均应依据全体合伙人的共同意志进行。未经其他合伙人的同意，任何一个合伙人都不得随意使用和处分，合伙人对其投入财产的自由使用权、份额转让权、债权人代位权、扣押权的行使，均要受到限制。

（2）合伙企业财产的转让

《合伙企业法》对合伙企业财产的转让做了一些限制性规定：①除合伙协议另有约定外，普通合伙人向合伙人以外的人转让其在合伙企业中的全部或者部分财产份额时，须经其他合伙人一致同意。②有限合伙人可以按照合伙协议的约定向合伙人以外的人转让其在有限合伙企业中的财产份额，但应当提前三十日通知其他合伙人。③合伙人之间转让在合伙企业中的全部或者部分财产份额时，应当通知其他合伙人。合伙人向合伙人以外的人转让其在合伙企业中的财产份额的，在同等条件下，其他合伙人有优先购买权；但是，合伙协议另有约定的除外。合伙人以外的人依法受让合伙人在合伙企业中的财产份额的，经修改合伙协议即成为合伙企业的合伙人，依照本法和修改后的合伙协议享有权利，履行义务。

（3）合伙企业财产的出质

出质是指由债务人或第三人将财产移交债权人占有，若债务人不履行债务时，则债权人可以将此财产出卖，并从所得价金中优先受偿。《合伙企业法》规定，普通合伙人以其在合伙企业中的财产份额出质的，须经其他合伙人一致同意；未经其他合伙人一致同意，其行为无效，由此给善意第三人造成损失的，由行为人依法承担赔偿责任。有限合伙人可以将其在有限合伙企业中的财产份额出质；但是，合伙协议另有约定的除外。

3.合伙企业的事务执行

（1）合伙企业事务执行的方式

普通合伙企业是由合伙人共同出资设立的，合伙人共享合伙企业的收益，共担合伙企业的风险，并对合伙企业的债务承担无限连带责任，因此，根据《合伙企业法》的规定，普通合伙人对执行合伙事务享有同等的权利。按照合伙协议的约定或者经全体合伙人决定，可以委托一个或者数个合伙人对外代表合伙企业，执行合伙事务。依法委托一个或者数个合伙人执行合伙事务的，其他合伙人不再执行合伙事务。作为合伙人的法人、其他组织执行合伙事务的，由其委派的代表执行。有限合伙企业由普通合伙人执行合伙事务。执行事务合伙人可以要求在合伙协议中确定执行事务的报酬及报酬提取方式。

有限合伙人不执行合伙事务，不得对外代表有限合伙企业。有限合伙人的下列行为，不视为执行合伙事务：①参与决定普通合伙人入伙、退伙；②对企业的经营管理提出建议；③参与选择承办有限合伙企业审计业务的会计师事务所；④获取经审计的有限合伙企业财务会计报告；⑤对涉及自身利益的情况，查阅有限合伙企业财务会计账簿等财务资料；⑥在有限合伙企业中的利益受到侵害时，向有责任的合伙人主张权利或者提起诉讼；⑦执行事务合伙人怠于行使权利时，督促其行使权利或者为了本企业的利益以自己的名义提起诉讼；⑧依法为本企业提供担保。

（2）合伙企业事务执行的监督

不执行合伙事务的合伙人有权监督执行事务合伙人执行合伙事务的情况。由一个或者数个合伙人执行合伙事务的，执行事务合伙人应当定期向其他合伙人报告事务执行情况以及合伙企业的经营和财务状况，合伙人为了解合伙企业的经营状况和财务状况，有权查阅合伙企业会计账簿等财务资料。

（3）须由全体合伙人一致同意的事务

除合伙协议另有约定外，合伙企业的下列事项应当经全体合伙人一致同意：①改变合伙企业的名称；②改变合伙企业的经营范围、主要经营场所的地点；③处分合伙企业的不动产；④转让或者处分合伙企业的知识产权和其他财产权利；⑤以合伙企业名义为他人提供担保；⑥聘任合伙人以外的人担任合伙企业的经营管理人员。

4.合伙人的义务及法律责任

（1）合伙人的义务

合伙人负有竞业禁止和交易禁止的义务，这方面的规定主要有：①普通合伙人不得自营或者同他人合作经营与本合伙企业相竞争的业务。有限合伙人可以自营或者同他人合作经营与本有限合伙企业相竞争的业务；但是，合伙协议另有约定的除外。②除合伙协议另有约定或者经全体合伙人一致同意外，普通合伙人不得同本合伙企业进行交易。有限合伙人可以同本有限合伙企业进行交易；但是，合伙协议另有约定的除外。

合伙人不得从事损害本合伙企业利益的活动。

（2）合伙人的法律责任

合伙人执行合伙事务，或者合伙企业从业人员利用职务上的便利，将应当归合伙企业的利益据为己有的，或者采取其他手段侵占合伙企业财产的，应当将该利益和财产退还合伙企业；给合伙企业或者其他合伙人造成损失的，依法承担赔偿责任。

合伙人对《合伙企业法》规定或者合伙协议约定必须经全体合伙人一致同意始得执行的事务擅自处理，给合伙企业或者其他合伙人造成损失的，依法承担赔偿责任。不具有事务执行权的合伙人擅自执行合伙事务，给合伙企业或者其他合伙人造成损失的，依法承担赔偿责任。

合伙人违反《合伙企业法》规定或者合伙协议的约定，从事与本合伙企业相竞争的业务或者与本合伙企业进行交易的，该收益归合伙企业所有；给合伙企业或者其他合伙人造成损失的，依法承担赔偿责任。

第三人有理由相信有限合伙人为普通合伙人并与其交易的，该有限合伙人对该笔交易承担与普通合伙人同样的责任。有限合伙人未经授权以有限合伙企业名义与他人进行交易，给有限合伙企业或者其他合伙人造成损失的，该有限合伙人应当承担赔偿责任。

5. 合伙企业的利润分配及亏损分担

《合伙企业法》第三十三条规定，合伙企业的利润分配、亏损分担，按照合伙协议的约定办理；合伙协议未约定或者约定不明确的，由合伙人协商决定；协商不成的，由合伙人按照实缴出资比例分配、分担；无法确定出资比例的，由合伙人平均分配、分担。合伙协议不得约定将全部利润分配给部分合伙人或者由部分合伙人承担全部亏损。

（四）合伙企业与第三人的关系

1. 合伙企业与善意第三人

我国《合伙企业法》在调整合伙企业与第三人的关系时，着重强调的是对善意第三人的保护。《合伙企业法》第二十一条规定，"合伙人在合伙企业清算前私自转移或者处分合伙企业财产的，合伙企业不得以此对抗善意第三人"。《合伙企业法》第三十七条规定，"合伙企业对合伙人执行合伙企业事务以及对外代表合伙企业权利的限制，不得对抗善意第三人"。

2. 合伙企业的债务清偿

合伙企业对其债务，应先以其全部财产进行清偿。合伙企业不能清偿到期债务的，普通合伙人承担无限连带责任。普通合伙人由于承担无限连带责任，清偿数额超过《合伙企业法》第三十三条规定的其亏损分担比例的，有权向其他承担连带责任的合伙人追偿。这种无限连带责任的承担顺序大致是：①以合伙企业财产进行清偿；②以合伙人出资以外的个人财产予以清偿，这主要是补足合伙企业财产清偿不足的部分，由各合伙人按照合伙协议规定的比例，或者在无合伙协议的情况下按等额比例，以其在合伙企业出资以外的财产承担清偿责任。其中任何一个合伙人均有义务应任何一个债权人的请求，清偿其全部债务，有权向其他合伙人追偿。

3. 合伙人的债务清偿

合伙人发生与合伙企业无关的债务，相关债权人不得以其债权抵消其对合伙企业的债务；也不得代位行使合伙人在合伙企业中的权利。对于合伙人个人所负债务，原则上应以其出资以外的个人财产予以清偿，当合伙人的自有财产不足清偿其与合伙企业无关的债务的，该合伙人可以以其从合伙企业中分取的收益用于清偿；债权人也可以依法请求人民法院强制执行该合伙人在合伙企业中的财产份额用于清偿。当人民法院强制执行合伙人的财产份额时，应当通知全体合伙人，其他合伙人有优先购买权；其他合伙人未购买，又不同意将该财产份额转让给他人的，依照《合伙企业法》的规定为该合伙人办理退伙结算，或者办理削减该合伙人相应财产份额的结算。

（五）合伙企业的入伙与退伙

1. 入伙

入伙是指在合伙企业存续期间，合伙人之外的民事主体加入该合伙企业，从而取得新合伙人身份的民事法律行为。《合伙企业法》规定，新合伙人入伙，除合伙协议另有约定外，应当经全体合伙人一致同意，并依法订立书面入伙协议。订立入伙协议时，原合伙人应当向新合伙人如实告知原合伙企业的经营状况和财务状况。入伙的新合伙人与原合伙人享有同等权利，承担同等责任。入伙协议另有约定的，从其约定。

新入伙的普通合伙人对入伙前合伙企业的债务承担无限连带责任。新入伙的有限合伙人对入伙前有限合伙企业的债务，以其认缴的出资额为限承担责任。

2. 退伙

退伙是指合伙人退出合伙企业，从而丧失合伙人资格的法律事实。根据《合伙企业法》的规定，基于退伙的原因不同，退伙可以分为自愿退伙、法定退伙和除名退伙三种情形。

（1）自愿退伙。自愿退伙是指合伙人基于自愿而退伙。包括两种情况：

第一，协议退伙。根据《合伙企业法》的规定，合伙协议约定合伙期限的，在合伙企业存续期间，有下列情形之一的，合伙人可以退伙：①合伙协议约定的退伙事由出现；②经全体合伙人一致同意；③发生合伙人难以继续参加合伙的事由；④其他合伙人严重违反合伙协议约定的义务。

第二，通知退伙。根据《合伙企业法》的规定，合伙协议未约定合伙期限的，合伙人在不给合伙企业事务执行造成不利影响的情况下，可以退伙，但应当提前三十日通知其他合伙人。

（2）法定退伙。法定退伙是指合伙人因出现法律明确规定的事由而退伙。

《合伙企业法》第四十八条规定，合伙人有下列情形之一的，当然退伙：①作为合伙人的自然人死亡或者被依法宣告死亡；②个人丧失偿债能力；③作为合伙人的法人或者其他组织依法被吊销营业执照、责令关闭、撤销，或者被宣告破产；④法律规定或者合伙协议约定合伙人必须具有相关资格而丧失该资格；⑤合伙人在合伙企业中的全部财产份额被人民法院强制执行。

普通合伙人被依法认定为无民事行为能力人或者限制民事行为能力人的，经其他合伙人一致同意，可以依法转为有限合伙人，普通合伙企业依法转为有限合伙企业。其他合伙人未能一致同意的，该无民事行为能力或者限制民事行为能力的合伙人退伙。作为有限合伙人的自然人在有限合伙企业存续期间丧失民事行为能力的，其他合伙人不得因此要求其退伙。退伙事由实际发生之日为退伙生效日。

（3）除名退伙。除名退伙是指依法将合伙人强制清除出合伙企业而发生的退伙。

《合伙企业法》第四十九条规定，合伙人有下列情形之一的，经其他合伙人一致同意，可以决议将其除名：①未履行出资义务；②因故意或者重大过失给合伙企业造成损失；③执行合伙事务时有不正当行为；④发生合伙协议约定的事由。

对合伙人的除名决议应当书面通知被除名人。被除名人接到除名通知之日，除名生效，被除名人退伙。被除名人对除名决议有异议的，可以自接到除名通知之日起三十日内，向人民法院起诉。

退伙的法律后果有：

（1）合伙人退伙，其他合伙人应当与该退伙人按照退伙时的合伙企业财产状况进行结算，退还退伙人的财产份额。退伙人对给合伙企业造成的损失负有赔偿责任的，相应扣减其应当赔偿的数额。退伙时有未了结的合伙企业事务的，待该事务了结后进行结算。

（2）退伙人在合伙企业中财产份额的退还办法，由合伙协议约定或者由全体合伙人决定，可以退还货币，也可以退还实物。

（3）合伙人退伙时，合伙企业财产少于合伙企业债务的，退伙人应当依照《合伙企业法》第三十三条的规定分担亏损。

（4）普通合伙人退伙后，对基于其退伙前的原因发生的合伙企业债务，承担无限连带责任。有限合伙人退伙后，对基于其退伙前的原因发生的有限合伙企业债务，以其退伙时从有限合伙企业中取回的财产承担责任。

（5）普通合伙人死亡或者被依法宣告死亡的，对该合伙人在合伙企业中的财产份额享有合法继承权的继承人，按照合伙协议的约定或者经全体合伙人一致同意，从继承开始之日起，取得该合伙企业的合伙人资格。有下列情形之一的，合伙企业应当向合伙人的继承人退还被继承合伙人的财产份额：①继承人不愿意成为合伙人；②法律规定或者合伙协议约定合伙人必须具有相关资格，而该继承人未取得该资格；③合伙协议约定不能成为合伙人的其他情形。合伙人的继承人为无民事行为能力人或者限制民事行为能力人的，经全体合伙人一致同意，可以依法成为有限合伙人，普通合伙企业依法转为有限合伙企业。全体合伙人未能一致同意的，合伙企业应当将被继承合伙人的财产份额退还该继承人。

作为有限合伙人的自然人死亡、被依法宣告死亡或者作为有限合伙人的法人及其他组织终止时，其继承人或者权利承受人可以依法取得该有限合伙人在有限合伙企业中的资格。

（六）特殊的普通合伙企业

以专业知识和专门技能为客户提供有偿服务的专业服务机构，可以设立为特殊的普通合伙企业。

特殊的普通合伙企业是指合伙人依照《合伙企业法》第五十七条的规定承担责任的普通合伙企业。《合伙企业法》第五十七条规定："一个合伙人或者数个合伙人在执业活动中因故意或者重大过失造成合伙企业债务的，应当承担无限责任或者无限连带责任，其他合伙人以其在合伙企业中的财产份额为限承担责任。合伙人在执业活动中非因故意或者重大过失造成的合伙企业债务以及合伙企业的其他债务，由全体合伙人承担无限连带责任。"

合伙人执业活动中因故意或者重大过失造成的合伙企业债务，以合伙企业财产对外承担责任后，该合伙人应当按照合伙协议的约定对给合伙企业造成的损失承担赔偿责任。

（七）合伙企业的解散与清算

合伙企业有下列情形之一的，应当解散：①合伙期限届满，合伙人决定不再经营；②合伙协议约定的解散事由出现；③全体合伙人决定解散；④合伙人已不具备法定人数满三十天；⑤合伙协议约定的合伙目的已经实现或者无法实现；⑥依法被吊销营业执照、责令关闭或者被撤销；⑦出现法律、行政法规规定的其他原因

合伙企业解散，均应进行清算，其清算的基本程序包括：①确定清算人；②通知债权人；③债权申报和登记；④清算清偿；⑤结算终结与注销登记。清算结束，清算人应当编制清算报告，经全体合伙人签名、盖章后，在十五日内向企业登记机关报送清算报告，申请办理合伙企业注销登记。

合伙企业财产在支付清算费用和职工工资、社会保险费用、法定补偿金以及缴纳所欠税款、清偿债务后的剩余财产，依照《企业法》第三十三条的规定进行分配。合伙企业不能清偿到期债务的，债权人可以依法向人民法院提出破产清算申请，也可以要求普通合伙人清偿。合伙企业依法被宣告破产的，普通合伙人对合伙企业债务仍应承担无限连带责任。

合伙企业注销后，原普通合伙人对合伙企业存续期间的债务仍应承担无限连带责任。

第三节　外商独资企业法律

外商投资企业法是调整外商投资企业在设立、管理、经营和终止过程中产生的经济关系的法律规范。我国法律对外商投资企业的组织形式、设立、资本、组织机构、解散等方面做了具体规定。

（一）外商投资企业法概述

外商投资企业，是指依照中华人民共和国法律的规定，在中国境内设立的，由中国投资者和外国投资者共同投资或者仅由外国投资者投资的企业。

外商投资企业法，是指我国制定的调整外商投资企业在设立、管理、经营和终止过程中产生的经济关系的法律规范的总称。

（二）中外合资经营企业

中外合资经营企业，是指外国合营者与中国合营者在中国境内共同投资、共同经营，并按照投资比例分享利润、分担风险及亏损的企业。

中外合资经营企业的组织形式为有限责任公司，即合资经营企业以其全部资产对其债务承担责任，中外合营各方以其出资额为限对企业债务承担有限责任。中外合资经营企业是中国的法人，受中国法律的管辖和保护。

合资经营企业的设立，必须依照法定程序进行，主要包括申请、审查批准和登记三个环节。

（1）申请。申请设立合资经营企业，由中外合营者共同向审批机构报送下列文件：设立合资经营企业的申请书；合营各方共同编制的可行性研究报告；由合营各方授权代表签署的合资经营企业协议、合同和章程；由合营各方委派的合资经营企业董事长、副董事长、董事人选名单；审批机构规定的其他文件。

（2）审查批准。在中国境内设立合资经营企业，其审批机关是商务部或者国务院授权的省、自治区、直辖市人民政府或者国务院有关部门。审批机构自接到申请报送文件之日起，三个月内决定批准或不批准，审批机构如发现上述文件存在不当之处，应要求限期修改，否则不予批准。

（3）登记。申请者应当自收到批准证书之日起一个月内，按照国家有关规定，向工商行政管理机关办理登记手续。合资经营企业的营业执照签发日期，即为该合资经营企业的成立日期。

（三）中外合作经营企业

中外合作者可以申请设立具有法人资格的合作经营企业，也可以申请设立不具有法人资格的合作经营企业。具有法人资格的合作经营企业，其组织形式为有限责任公司。不具有法人资格的合作经营企业，其组织形式为合伙企业。

（四）外资企业

外资企业，是指依照中华人民共和国的法律规定，在中国境内设立的，全部资本由外国投资者投资的企业，不包括外国的企业和其他经济组织在中国境内的分支机构。

我国对外资企业组织机构没有法律规定，外资投资者可以根据自己的情况和经营管理的需要设置企业机构。

（五）外商投资企业的解散

（1）审批。外商投资企业解散的，由法律规定的宣告解散的机关作出宣告企业解散的决议，然后向审批机关提出解散申请书，报审批机构批准。

审批机构接到解散申请后，依法审查，决定批准与不批准。解散申请书批准之日，为外商投资企业宣告解散之日。

（2）清算。外商投资企业的清算依相关法律法规进行。外商投资企业被宣告解散后，就应进入清算程序，即对外公告并通知债权人，提出清算程序、原则和清算委员会人选，报审批机关审核后进行清算。

（3）办理注销登记。外商投资企业解散的，在清算结束后，应当向工商行政管理部门办理企业注销登记。

第五章 经济法中的国家投资法律

第一节 国有资产管理法律制度

国家投资是国家以国有资产进行投资，所以涉及国有资产管理问题。国有资产分为经营性资产与非经营性资产，用于投资的仅为经营性资产。本书研究的主要是经营性国有资产管理法律制度。

国有资产管理法律制度包括国有资产管理体制和许多具体制度。在具体运作制度中有两种情况：一种是基础性管理制度，对国有资产管理、投资、收益、处分等各环节及对各类国有资产的管理，都是适用的，如国有资产清产核资制度、资产评估制度、产权界定制度、产权登记制度等。另一种则是属于国有资产营运各环节和国有资产各类别的管理制度。前者如国有资产收益分配制度、处分制度。后者如按国有资产形态，分别有关于固定资产、流动资金、无形财产、自然资源等的管理制度；按经营性国有资产的经营组织形态，分别有国有独资企业财产管理制度、公司国有股权管理制度、其他国家投资企业中的国有财产管理制度。如按照本国境内或境外划分，国家往往对境外国有资产管理做出一些特别规定，这属于境外国有资产管理制度。研究以上各种法律制度具体内容的，是部门经济法学的任务，兹不细述。

第二节　国家投资法律制度

国有资产营运自投资环节开始。投资包括投资决策及其实行。所以，国家的投资法律制度中还有国家的投资决策制度以及投资体系与投资程序制度等。

一、国家投资决策制度

国家投资决策包括宏观决策与微观决策。微观决策主要是指具体投资项目的决策，主要属于投资程序问题；因此这里所谓投资决策主要是指宏观决策。宏观决策虽然一般不包括具体投资项目决策，但某些重大项目，影响全局而具有战略性，对它们的决策也属于宏观决策范围。

投资决策要解决国家投资规模问题。投资规模，具体来说就是国家在开展投资活动时，需要的投入资金与已投资金的数量。投资规模又由宏观与项目的投资规模所组成。宏观的投资规模指的是国家当前资金投入的规模。项目投资规模指的是某一具体的投资项目的投入资金情况。国家投资决策主要是对于国家整体投资规模的确定。

国家投资规模的大小不仅决定着国家投资所用资金的多少，而且还直接关系着国家投资与民间投资的比例，即国家投资在整个社会投资中的比重问题。

国家投资规模和比重的确定，应主要依据国家投资的目的和使命、国有企业的经营特点和国家各个时期的政治、经济、社会形势。现代国家投资的主要目的是调节经济结构和运行及其他政治、社会政策性目的。国家完全不作投资是不行的；但为上述目的所需国家投资也不会太多。开办多了，对于国民整体经济效益水平都会产生影响，对于市场机制作用的发挥也具有一定的制约作用。因此在投资决策时，对国家投资以及国有企业的总体规模和比重应加以控制，合理确定其度。当然，国家投资的规模和比重的确定，也同各国各时期政治、经济和社会情况和形势相关，例如，战争、重大灾害与平常时期情况会有所不同。

投资结构指的则是在国民经济整个范围中的各个方面所存在的分配比例与其之间的相互关系。投资结构直接影响着各个领域的资源分配情况，对于国民经济的稳定协调发展也存在着重要的影响。

而与投资结构有关的则是投资布局的相关问题。投资布局实际上就是投入的资金在各地区间所存在的分配比例与关系。投资布局及投资结构作为投资分配工作的重要组成部分，其二者之间也存在着紧密的联系。投资结构是投资分配纵向的层面，其通过对于国民经济分布的行业部门中，对建设资金进行了合理的配置。其需要利用地域的合理分布完成。但投资布局则是横向的层面，其重视对于建设资金横向分布问题的解决，也就是对于不同的产业集聚后构成的地域投资体的合理分布。

国家投资政策不仅要解决国家投资的方向和结构，还应该确定国家投资的地域布局。对国家投资布局进行合理分配的关键问题是，要按照经济区域内的实际生产力水平，根据其现有的资源条件，严格执行国民经济发展的总目标，充分地发挥出区域优势进行产业结构的确定。此外，还要能够在此基础之上，确定各区域在各个时期的投资重点，并保证不同时期有着不同的建设重点。另外，还要对区域内的各个经济类型、等级的经济基地的建设战略进行充分考虑，从而确保其投资分配的合理性。

投资结构、投资布局同投资方向有着密切联系。投资方向是指固定资产再生产资金的投向，投资方向的总和就是投资结构与投资布局。投资方向科学与否直接决定着投资结构和布局是否合理。所以，明确各类投资主体的投资方向是形成合理投资结构的关键所在。国家为调节社会经济的结构，在运用各种经济政策引导民间社会投资方向的同时，还需要恰当地确定国家投资的方向和投资的重点。鉴于那些营利性行业和民间社会投资踊跃的地区，市场机制能够较好发挥对投资的调节作用，国家投资一般不必介入。国家投资的主要方向和重点，应是那些为国民经济和社会发展提供共同的一般条件的基础性建设项目和公共设施；制约国民经济发展的"瓶颈"行业和某些投资周期长、风险大的高科技产业；以及其他同国计民生关系重大，不宜由民间投资或民间不愿投资的行业。即使是上述这些行业，也不必一律由国家垄断，有些仍然可以吸引民间投资参加；或者在情况发生变化后，国家减少或退出其中某些投资领域。

国家投资决策制度为保障投资决策，需要建立、健全国家投资决策体制，坚持集体决策、民主决策和科学决策原则，制定决策程序，并建立决策责任制。对于违反决策管理制度或因疏忽、懈怠等失职情由而造成决策失误，引致严重后果的，应依法追究参与决策者的法律责任。

二、国家投资管理体制

（一）国家投资主体制度

国家投资的资产所有权人是国家。按法律规定或由政府授权有关国家机关或组织，代表国家所有权人进行投资，这些机关或组织便是国家投资主体。没有法律规定或政府授权的机关或组织，不能成为国家投资的主体。

（二）国家投资计划的管理制度

要保证国家投资的计划性。纳入计划的投资被称为计划内的投资。想要对国家投资进行计划，首先就要对某一具体时期内国家投资的整体规模、结构、布局以及重点等，进行统筹的建设规划，从而实现对于投入资金的合理安排，并使得投资的结构与生产力的布局更加的完善，提高投资效益。

国家投资计划应纳入国民经济和社会发展计划之中，而为其一个重要组成部分。

（三）国家投资资金管理制度

国家投资的资金来源渠道主要有两个方面：一是财政拨款；二是由建设单位向银行贷款。例如，中国原来长期实行高度集中的固定资金管理体制，国家投资资金渠道单一，主要靠国家预算内拨款；1979 年后逐步推行拨款改贷款制度，除那些非经济部门所属的非营业性的、无还款能力的项目以外，一律实行贷款制。

（四）投资许可证制度

投资许可证制度是规定投资建设单位必须取得政府主管部门颁发的投资许可证才能从事项目投资建设的一种制度。其目的在于通过政府的直接控制，使投资按照国家的投资计划和产业政策所规定的目标运行。实行市场经济的国家，对于民间投资只在少数重要行业实行投资许可证制度，而对国家投资项目多普遍实行此制。

（五）投资项目业主制和项目法人制度

项目建设的管理队伍主要是由投资项目的投资者所构成的，其需要全面统筹建设项目的规划、筹资、设计以及建设到生产经营的全过程，还需要承担在建设运营过程中的所有风险，这种制度称为项目业主制，又称项目业主负责制。如果项目投资各方依照《公司法》或其他企业法组建成实体性组织，并具备法人资格，经法人登记成为法人，即为项目法人制。推行投资项目业主负责制和项目法人制，是为了使投资决策和其他投资管理制度在微观（具体项目）上很好得到落实。中国当前国家投资建设项目普遍推行业主负责制或项目法人制。

三、投资程序

投资活动分为需要进行基本建设的投资与不需要基本建设的投资。这里主要简述前一种程序。前一种程序也叫作投资建设程序、基本建设程序，具体来说就是每个建设项目在投资决策到建设实施，以及最后验收使用整个过程中的各个阶段与环节。各国的国家投资建设程序大同小异。按我国现行的做法，基本建设的程序大致可以分为以下步骤：①由建设单位编制项目建议书，报有关部门审批；②建设单位对项目进行可行性研究，提出可行性研究报告，报有关部门审批；③建设单位委托设计单位编制设计文件，报有关部门审批；④建设单位向有关部门申请列入年度固定资产投资计划；⑤建设单位组织施工准备工作；⑥提出开工的报告之后，一经批准，建设单位就能够按照施工合同，聘请施工单位开始施工；⑦项目竣工，经验收合格后交付使用。

第三节　国有企业法律制度

长期性的国家投资经营活动需要组建企业，此即国家投资企业。国家投资企业按其中国有资产投入比重，可分为国家全资企业、国有控股企业以及国家一般持股的企业。凡资本全部或主要为国有资产的企业，一般称为国有企业。在各国国有企业发展过程中，初期多为国家独资并由国家直接经营的国有、国营企业，以后除仍保留少数国有全资企业外，多调整为由国家控股的公司。

一、国有企业的实际性质与基本特征

国有企业与一般企业所具有的基本特征是一致的：①也从事一般的经

营活动，有着一定的营利性；②依法设立，拥有法律确认的权利义务；③具有法人资格。

但国有企业毕竟是一种特殊企业，其特殊性表现在以下几个方面。

（一）资金来源

国有企业主要是将国家投资作为其资本构成的。国家将其所拥有的资产（国有资产）出资，投入企业运营。国家（它授权的投资主体）可以作为企业唯一的出资人，而国家独资企业的开办，企业资本的所有者就是国家，其对于企业具有所有者的权利。国家授权的投资主体也可以同其他一个以上国家授权投资主体共同出资组成企业。这时该企业的资本（股份）的所有权由两个以上国家授权投资主体共同或集体行使。由于各个国家授权投资主体均作为国家所有权人的代表，他们所代表行使的均为国家所有权；国家所有权是统一的，所以这种企业的财产权仍全部为国有。国家授权的投资主体也能够与非国有单位或者是个人共同投资对企业进行开办。若其中国有投资主体的资金投入力度占企业总出资的主要部分，其实际上对于企业的经营具有决策作用，其也被称为国有控股公司。国有控股公司中的财产所有权属于公司，国家对公司中的国有股份享有股权。

（二）经营目的

国有企业虽然和别的企业从事的都是一定的生产经营活动，但民间投资企业的经营活动具有较强的营利性，而国有企业不仅具有营利性，同时也存在着非营利性的目的，也就是说营利并不是国有企业开办的唯一目的。国有企业主要是对于国家计划及政策的执行，其具有较强的政治及社会公共的职能。因此，对于一些重要的行业及产品，就算在短时期内无法盈利，国家也会进行投资开办相关企业。若在其经营的盈利率得到提升时，民间社会出现投资主体时，国家会逐渐减少投资力度，甚至退出相关领域产业。

（三）法律制度

国有企业与一般企业一样受法律约束，但其所使用的法律之间确是不同的。国有企业所依据的是一些与国有企业相关的特别法，并且和一般的企业法比较，国有企业的设立程序、权利义务及企业管理等方面也都存在着不同的规定。国有企业的程序设定更加严格与复杂，但同时享有国家专门制定的政策性优惠与特权，可能出现对于行业的垄断性经营，在出现亏损弥补与破产的情况下也有一些特殊的优待措施。但其往往承担着更多的义务，需要接受国家及其主管部门的政策限制。具体来说，国有企业所进行的生产经营活动要严格地执行国家的相关计划、价格权及生产经营自主权的相关限制，必须要充分地满足社会的实际需要与国家经济调节的需要，不论有没有利益都必须经营。国家在对于一般企业进行管理时，只会对一般的规则进行制定，只要确保自身守法与照章纳税即可。但对于国有企业来说，国家不仅是其政权管理者，更是其所有者，因此在较多的方面，国家往往和企业中的相关利益主体直接产生多种法律关系。特别是在国有且国营的背景下，其情况极为突出。

（四）法人资格

国有企业凡具备法定条件，即取得法人的资格，而国有企业的法人则与一般的企业法人之间存在较大的差别。通常而言，法人都是拥有独立的财产的，一般企业的法人也是如此，但国有企业中的独资企业法人，其只拥有财产的经营管理权，财产的所有权属于国家。另外，在所属法人的类型层面上，国有企业法人的特殊性也较为突出。法人一般来说被分为私法人及公法人、社团法人或财团法人、营利法人以及公益法人等。通常而言，企业法人作为私法人、社团法人及营利法人存在的。而国有企业基本具有各种类型法人的特征。

国有企业同时兼具了公私法人的特点。因为，国有企业的投资主体是国家，并且管理者属于国家有关的主管机关及经过授权的相关部门。若其属于国有国营的，则还需要委派相关的国家工作人员作为企业的负责人进驻企业，负责生产经营管理等工作，但其设立及组织的体制与国家机关有不同。其虽承担了一定的国家管理职能，但其本职工作却属于生产经营管理活动。虽然国家与相关部门会对其进行严格的管理，但其却存在一定的自主权。其虽开展的组织活动主要适用的是公法性的法律，但其中一些条款却存在私法的性质，且其也被一般企业法中的基本规定所约束。

国有企业还同时具有社团及财团法人的特征。国有企业作为组织体，其存在着明显的"人的团体"的特点，但其主要的出资主体是国家，因此其就满足了"特定财产为中心"的财团法人因素。国有企业会由国家指定专人作为其成员，在企业成立之后，还会由其对一些代表进行委派作为其成员；但其仅仅只是成员不属于股东，其是作为国家这个股东的代表在企业中存在的。而社团法人的确立要有二人以上产生合同行为才行，但国有企业无法满足这一条件。国有企业只中存在最高管理机关，但其与股东大会存在本质上的区别。企业的机关存在一定的决策权，却没有全权，企业生产经营中的重大事项必须要通过国家主管机关的决策，其不属于完全自律性的法人。另外，财团法人对于其营利性质有着严格的要求，但国有企业却同时兼具了公益性与营利性。

国有企业具有营利及公益法人的特征。国有企业是存在营利目的的，但却不是作为唯一目的存在的。还有一些国有企业自开办之时的目的就与营利无关，其主要是要对国家的经济调节政策进行执行的，还有就是要促进国民经济总体水平的提升，或实现国家的长远发展，因此其具有明显的社会公益性。营利法人则除了具有营利目的，更是需要将其利润给其成员进行分配。国有企业在进行国营的过程中，其利润是属于国家的。就算采用的是别的经营形式，其也会根据具体的分配方式对国家和经营者进行合理的分配。

总的来说，国有企业是作为一种特殊的企业存在的。因此其法人也存在着特殊性的特征。若使得国有企业的营利性得到提升，其政策性使命就会降低。若给予其更多的生产经营自主权，减少政府对其管理工作的干预，那么国有企业与一般企业的相关特征就会比较接近，其法人也更类似于私法人、社团法人以及营利法人。但若反之，那么国有企业就会成为国家机关的附属物。法人也会向公法人、财团法人以及公益法人靠拢。

二、国有企业经营制度分析

当前，国有企业所应用的经营制度和其他的企业之间存在着显著的区别。

企业所应用的经营模式，根据其财产所有权以及经营权之间的管理划分，主要有以下几种基本形式：

（1）同一式。也就是说，企业的财产主要是通过出资人也就是资产所有者进行直接的经营，经营权人和所有权人是一体的。

（2）代表式。企业财产的经营主要是出资的所有权人进行代表的委派实现的。这种经营者是所有权人的代表，但其往往也具有一定的所有权。其经营权与所有权都不是完全的，若需要对企业进行重大事项的决策，还需要请示所有权人。

（3）代理式。其往往是企业的财产所有权人对第三方进行委托代为管理经营企业的相关事务，但经营的后果承担者是所有权人。

（4）租赁式。企业的财产所有权人会委托他人进行经营，其作为出租方和经营者之间存在租赁经营的管理，其通过具体经营合同的签订，对经营者的经营权产生约束，且其经营后果的承担者是租赁经营者。

（5）合股式（公司制）。企业财产的所有权人只以特定的财产出资，与别的出资人共同组建公司。每个出资人给公司让渡其所出资财产所代表的原所有权，构成了公司法人财产的实际所有权，出资人作为公司的股东，对股权进行换取。公司则作为经营的主要行使权者，公司内部属于两权分离的管理制度。合股式则由控股式和一般持股式等形式构成。

在对国有企业进行经营管理时，其不能对同一式进行应用。由于其国家作为一个较大的集合体，同时企业是代表最高国家机关的代表者对企业进行直接的经营管理。但其能够根据统一的分工通过国家各相关政府部门对国有企业的经营活动所负责。各个政府部门同样不能进行直接的经营，其需要对国家工作人员进行委派，使其作为负责人进驻国有企业行使经营管理权，也被称为代表式的经营。比如，我国以前的国有企业都属于国营制，简单来说就是代表式的经营方式。利用代表式的经营能够使企业更好执行国家的相关政策，充分地体现出国家的管理意图，但对于企业的自主经营却有着较大的局限性，在接受市场调节的情况下，企业的经济效益就不良。

国有企业也能够实施代理式的经营方法。但由于这种经营方式所产生的经营后果往往需要被代理人进行承担，因此若其经营不善，其所出现的亏损问题就会由国家所承担，所以要谨慎地挑选经营代理人。而西方的一些国家所实行的一些经营方式中也含有一些代理式的因素，比如在法国的国有企业中的董事会成员，由政府代表、社会人士以及企业职工代表均匀分配。董事长也可以是社会人士，但其必须足够亲近政府。

世界各国的国有企业都有租赁式经营的应用。租赁经营因为有着合同的明确规定，其出租方及承租方所具有的权利义务都较为明确，且其经营权的范围非常清晰，尤其是因为经营后果的承担者是经营者，因此经营者往往都具有较强的责任心，能够使得经营效益得到充分的提升。想要防止由于经营不善而导致国有资产出现较大的损失情况，承租方在进行承租时就要有充分的财产进行担保。西方国家主要是通过政府把企业承租给私人公司进行经营的，因此私人公司就是承担经营风险责任的财产基础。但在我国，由于一些私人的承租者无法提供足够的财产进行担保。因此，其只对于一些小型的国有企业适用。

股份制或者是公司制，也就是所谓的合股式的经营方式。股份制的经营与承包制或别的经营方式进行比较，其存在着非常明显的优势。

首先，应用股份制的公司的经营权不是将具体的各个出资人对于其出资财产所有权进行的直接性的分离，其主要是先通过出资人给公司让渡了其所有权之后，构成了公司法人当前实际拥有的财产所有权。随后，公司再对相关的业务执行机关进行构建，并赋予其经营权利，公司的经营权与出资人原本的所有权呈现的是间接分离的关系。直接分离的情况下，所有权人能够直接干预公司的经营权。但间接分离的情况下，原所有权人就无法对公司进行直接干预。公司各个股东想要干预经营权，往往还需要通过股东会议进行集体的决议，之后再对业务执行机关进行干预。这样就能够确保公司的经营权人更好地进行自主性的经营。

其次，在股份制公司中行使所有权与经营权的是股东会及董事会，其同为公司的内部机关，因此其所有权及经营权的分离是作为内部分离存在的。但对于承包以及租赁等来说，其发包方及出租方在承包及租赁经营合同进行签订之后，一般不会对企业内部的内部进行影响，也不会过于深入企业的生产经营领域中，主要体现为外部分离。外部分离的情况下，有权人很难及时地对企业的经营活动作进行充分的监督与了解，也不能有效地配合其经营活动。而内部分离通过在公司内部构建的相关机制，其配合、监督及制约工作的开展更具有效率。

最后，股份制经营的公司其两权关系与经营权的权限往往需要《公司法》进行调整，其属于法定的分离关系。而承包及租赁的关系通常受合同的约束，其属于约定式的分离。《公司法》中大多数都是强行性的规定，但合同约定则存在一定的任意性。所以，合股式的这种经营权权限有着较强的确定性。

股份制的公司也由控股式及一般持股式所构成。国有企业就算采用了股份制，仍旧属于国有企业，也只能作为国家控股式存在。若国家不再控股，那么其就不再算是国有企业。同时，按照当前我国的实际情况，国有企业往往有着极为雄厚的国有资产，若将国有企业改变为合股式，则其实际上仍旧属于国家控股的形式。控股式不仅同时兼具合股式的多种优势，同时由于其受控股股东自身意志的影响，导致股份制很多固有的优势无法得到更加充分的发挥。所以，国有企业若应用国家控股的形式，虽然能够保证国家管理意志的执行，确保国家政策的落实，但对于企业经营的独立自主性却有着较大的约束力，使其无法完全地接受市场的调节。并且，在市场经济背景下，若有过多的国家控股企业，那么必定会对国民经济的正常运行造成严重影响。但若降低国家控股企业在整体中的比重，还有可能对企业投资体制造成影响。

三、国有企业其他法律制度

国有企业法律制度还包括其他许多方面，主要有企业设立制度、资本制度、内部组织机构、企业财务会计与利润分配制度、企业合并、分立、解散与清算制度、破产制度等。国有企业在以上各方面的做法与一般企业、公司基本相同。一般来说，国有企业同样适用于一般性的企业法与《公司法》的相关规定。但要注意的是，国有企业的根本属性是特殊企业，在以上各方面都有一些与一般企业不同的特别做法，国有企业立法需作出许多特别规定。有关国有企业这些法律制度的具体内容，是部门经济法学研究的任务，兹不多述。

第六章　经济法中的金融法律制度

第一节　银行法律制度

在国内优化银行治理结构、强化银行业监管以及逐步全面开放银行业的压力面前，我国的银行法律制度正历经着重大变革与转型。至今，我国不断加快银行立法的步伐，制定了大量银行法规与规章，构建了一个相对完整的银行法体系。银行法律制度从性质上可以分为三部分内容：银行监管法律制度、商业银行法律制度和政策银行法律制度。银行监管法律制度主要体现为中国人民银行、银行业监督管理委员会作为监管机构，相互分工与协作，监管银行与非银行金融机构。其中，中国人民银行在经济法中的法律地位、法律职能、货币政策对我国市场经济的发展均具有较高的理论意义与社会价值，银行业监督管理委员会的职责与监管方式、手段等较为重要。商业银行作为典型的银行金融机构，其业务活动最能反映银行业务活动的基本特性。全面了解、把握商业银行的设立、组织结构、监督管理以及其他业务的基本准则，具有重要意义。此外，以贯彻政府经济政策为目标，专门经营政策性货币信用业务的政策银行法律制度，也是银行法律制度的有机构成。

一、银行法概述

（一）银行的功能

"银行"是一种专门负责货币信用业务的行业，例如存款业务、贷款业务、汇兑业务等。在整个商业运行活动与服务管理活动中，银行充当支付中介或者是信用中介。银行是商品经济发展的必然产物，是维护社会经济发展，加快商品贸易的必要条件之一。随着社会的不断发展，银行功能日益完善，其职能逐步被渗透到社会发展的各个领域。其主要功能有以下几个方面：其一，信用中介。"信用中介"主要是指，银行通过存款渠道对社会经济发展中的闲置资金进行大量吸收，然后以贷款渠道将吸收的闲置资金提供给社会发展中的各个部门，实现资金的流通与转存，使银行成为连接货币资金供应者和货币资金使用者之间的信用中介。其二，支付中介。"支付中介"主要是指，银行能够对存款人的存款资金以及贷款人的转存资金进行储存与保管，增加金融服务业务，例如为客户提供转账结算、办理收付等，使银行成为社会经济活动中的支付中介。其三，信用创造。"信用创造"主要是指，银行能够通过创造渠道对金融铸币流通的各类形容工具进行代替，例如汇票、支票、银行债券等，有效节约金属铸币铸造时间，加快资金流通性，极大程度上满足各种支付手段与流通手段的需求。其四，金融服务。"金融服务"主要是指，银行通过多种渠道为客户提供多样化金融服务，增加金融服务种类，扩展金融服务空间，加快银行业务的推广与发展。其五，国家调控经济。"国家调控经济"主要是指，国家对市场经济进行宏观调控的同时银行参与其中，为国家宏观调控工作提供外力支持，使国家宏观调控工作能够顺利开展，维持社会经济平衡，促进社会经济的增长。

（二）金融机构体系

1.金融机构体系的内涵

金融机构体系是国家金融体制中的基础内容，是由国家银行和非银行金融机构共同组合而成。金融机构的雏形就是"银行"，因此，银行是社会经济发展中最早产生的一种金融机构，是国家金融机构体系中的核心内容，在经济运行中能够为社会经济提供综合性业务服务。非银行金融机构和非银行金融业务多是从商业银行机构和商业银行业务中演变出来的。因此，从广义角度分析，金融机构体系是银行与非银行金融机构的统称；从狭义角度分析，金融机构体系是指银行机构体系。

2.金融机构体系的类别

（1）从是否吸收经营存款业务角度分析，以金融机构对经营存款业务的吸收情况为标准，可将金融融资机构划分成两种类型，即"银行性"和"非银行性"。一种类型是银行性金融机构。"银行性金融机构"是吸收存款的或专门发行以存款形式为主的间接金融机构，包括商业银行和专业银行两类。其一，"商业银行"是一种将经营存贷款业务作为主要业务类型的金融机构，整个运行过程拥有收缩存款货币的功能以及创造存款货币的功能，并为经济活动提供综合性金融业务，因此，"商业银行"又被称为"金融百货公司"；其二，"专业银行"是指经营指定范围内的业务或为特定对象供给专门性金融服务的机构，如农业银行、信托银行、储蓄银行、开发银行、投资银行、进出口银行等。另一种类型是非银行性金融机构。"非银行性金融机构"主要是指无法对存款进行吸收，其通过契约渠道为客户给予金融服务的机构，如金融公司、财务公司、信托公司、租赁公司、投资公司、保险公司、基金公司等。

（2）从设立宗旨角度分析，以金融机构对经营存款业务的设立宗旨为标准，将金融机构划分成两种类型，即"商业性"和"政策性"。一种类型是"商业性金融机构"。商业性金融机构是一种以营利为目的开展金融活动的金融机构，主要有三种形式：其一，商业银行；其二，部分专业银行；其三，非银行金融机构。另一类型是"政策性金融机构"。政策性金融机构是一种不以营利为目的而服从于国家经营政策需要的金融机构，如农业银行、开发银行、住宅银行、进出口银行、金融资产管理公司等。

（三）中国现行金融机构体系

从我国现行的金融机构体系来看，中国人民银行是金融机构的核心，政策性银行、商业银行、信托机构、保险机构、证券机构等非银行金融机构均属于金融机构的主体，信用合作机构为金融机构体系进行补充。

1. 中央银行——中国人民银行

中华人民共和国的中央银行被称为"中国人民银行"，简称"央行"。从我国金融体系结构来看，中国人民银行占据领导地位，受我国国务院的领导与控制，是国家对我国金融市场实施宏观调控的主要渠道。

2. 商业银行

我国银行体系中的主体是商业银行，是由国有独资、股份制、专业性和合作制及外资等商业体系共同构成的一种银行体系。

（1）国有独资商业银行。现阶段国有商业银行是我国商业银行体系中的主体，它们由 1979 年以后陆续恢复、分设的专业银行发展演化而成的，即中国银行、中国农业银行、中国建设银行、中国工商银行四大商业银行。

（2）股份制商业银行。股份制商业银行种类具体，可从其运营性质将其分为，全国性股份制商业银行、地方性股份制商业银行、专业性商业银行、合作制商业银行。

其一，全国性股份制商业银行。现如今全国性股份制银行有 10 余家，即交通银行、中国光大银行、中信实业银行、招商银行、华夏银行、深圳发展银行、广东发展银行、上海浦东发展银行、福建兴业银行、中国民生银行等。

其二，地方性股份制商业银行。地方性商业银行是指主要服务于地方经济发展的股份制银行。在我国是指由原信用合作社组合而成的城市商业银行和农村商业银行。

其三，专业性商业银行。专业性商业银行是指从事某一专门性金融业务的商业银行。我国目前的邮政储蓄机构即属此类。

其四，合作制商业银行。合作制商业银行是指金融功能、业务范围和经营规则与股份制商业银行相同，但采取合作制企业形态的银行。2003 年 4 月 8 日挂牌成立的宁波鄞州农村合作银行为我国第一家农村合作银行。农村信用合作社、城市信用合作社亦属此类。

3.政策性银行

由政府创办的非营利性的银行被称为"政策性银行"，该银行的存在价值是为配合政府经济政策，开展政策融资业务活动。从我国政策性银行的建设成果来看，我国于 1994 年建了三家政策性银行，即国家开发银行、中国进出口银行和中国农业发展银行。

4.非银行金融机构

现如今我国非银行金融机构主要有保险公司、证券公司、财务公司、信托公司、租赁公司、金融资产管理公司、汽车金融公司等。其中规模较大的有中国人民保险公司、中国国际信托投资公司、国泰君安银行、华夏银行、光大银行、大鹏银行等证券公司以及华融银行、长城银行、信达银行、东方银行四家金融资产管理公司。

（四）中国现行银行立法

从立法角度分析，银行法能够对银行组织机构、银行业务经营、银行监督管理的每一个环节所产生的社会关系进行规范与调整；从银行法的调整对象分析，银行法在社会关系调整工作中的应用能够实现银行体制的法制化。国家金融体制的核心是银行体制，金融体制无法脱离银行体制而存在；从银行法的功能角度分析，银行与非银行金融机构需要严格按照银行法的各项要求开展相应的金融活动。由此可将，银行法是金融法律建设基础以及核心内容。

二、中央银行法

《中华人民共和国中国人民银行法》（以下简称《中国人民银行法》）在我国被简称为"中央银行法"，是一步对我国人民银行的组织、地位、价值、管理、政策等内容进行规定的法律体系。在我国银行体系中，中国人民银行位于我国银行体系的核心地位，是发行、政府和银行的银行。中央银行法对货币政策进行制定与执行，需要以货币政策工具为载体，对市场经济实施宏观调控工作；与银监会协调、配合，履行必要的金融监管职责。

（一）中国人民银行的性质以及法律价值

1.中国人民银行的性质

从银行性质角度分析，中国人民银行的性质由国家行政机关所决定，是区别于其他金融机构的根本属性，具体指中国人民银行是属于国家行政机关，还是其他市场主体。一般来说，各国中央银行既是特殊金融机构，又是特殊国家行政机关。说其是特殊金融机构，是因为它多数是由国家出资设立，属于国家所有的金融机构，同时它为政府办理金融业务，接受国家最高权力机关和行政机关双重领导。说其是特殊的国家行政机关，是因为它不同于其他普通国家行政机关，是办理金融业务的具有特殊地位的国家行政机关；中央银行履行职能主要靠经济手段，通过调节和控制货币信用活动来实现。中央银行在履行职能时有自己的收入，并实行资产负债管理等。根据我国《中国人民银行法》中的各项规定，从中能够得知中国人民银行具有以下三种性质：

（1）中国人民银行属于政府银行。中国人民银行是由国务院直接管理的部门，属于国务院的职能部门，负责下方银行工作的各项命令与规章，履行各项职责与义务，因此，被称为"政府银行"。具体表现如下：严格按照各项法律规章对货币政策进行制定与执行；对银行间同债券市场及其同业拆借市场进行监督与管理；对黄金市场实施管控工作；全面落实外汇管理办法，对银行间外汇市场的各项风险实施管控与调整；对国库进行经营与管理；对支付系统、清算系统进行维护，使其能够正常运行；对金融业反洗钱工作进行指导与部署，对反洗钱工作进行全面监督；开展一系列与国际金融有关的活动。

（2）中国人民银行属于发行的银行。中国人民银行是作为全国货币发行机关，是一种具有货币发行性质的银行。国家对中国人民银行给予一定的授权，负责人民币的印制与发行工作。因此，中国人民银行是发行的银行。

（3）中国人民银属于银行的银行。中国人民银行是我国银行金融体系的核心，与商业银行之间具有某种特殊的业务往来关系，是我国隐含体系的主导者，占据银行体系的首要地位。因此，中国人民银行被称为银行的银行，其中前一个银行是指商业银行，后一个银行是指中国人民银行。中央银行业务的关系对象是商业银行，而非一般的企业或者是个人，这一点是中国银行同其他银行之间的本质区别，具体表现如下：其一，中国人民银行将政府与银行作为业务活动对象，不负责对企业存放款业务，商业银行负责对企业存放贷款；其二，中国人民银行是一种非营利性质的银行，其运营活动并不以营利为目的，不参与商业银行的竞争活动，商业银行是一种营利性质的银行，其运营活动是将营利为目的，参与市场中的一切竞争活动；其三，中国人民银行是一种具有金融监督管理职能的机关，其主要任务是对社会经济中的一切金融活动进行监督与管理，而商业银行是一种具有服务性质的企业。

2. 中国人民银行的法律价值

中国人民银行的法律价值主要表现在中国人民银行在银行体系中的法律地位上。因中国人民银行是一种由国家政府部门直接管理的银行，是一种国家机构，与政府部门的各项工作具有密不可分的联系，在市场发展中具有较强的独立性。

从中央银行在市场中的运行情况来看，其独立性主要表现在中国人民银行与政府之间是相互独立的，不受政治干预，在运营过程具有自主权，能够充分发挥其执法职责权。过于强调中央银行与政府之间的独立性，主要表现为政府为加快经济增长可能忽视通货膨胀等风险，通过实施货币扩张政策，导致市场经济秩序受到干扰，严重影响我国市场经济的正常运行。通过保证中国人民银行在我国市场发展中的独立性，不受政府各项政策的干扰，由中国人民银行对货币政策进行制定与实施。然而，从中国人民银行在市场发展中的实际运行情况来看，中国人民银行所具备的独立性并不是完全绝对的，需要政府部门针对中国人民银行建立一系列法律体系，构建问责机制，使中国人民银行能够为其他机构负责，对中国人民银行的自由裁量进行限制与约束，防止中国人民银行出现无限扩张现象。

（二）中国人民银行的职责

中国人民银行的职责是其性质与职能的具体化。2003 年修订后的《中国人民银行法》第四条针对中国人民银行的各项职责与义务作出明确要求与规定：①发布与履行其职责有关的命令与职责；②依法制定和执行货币政策；③发行人民币，管理人民币流通；④监督管理银行间同业拆借市场和银行间债券市场；⑤实施外汇管理，监督管理银行间外汇市场；⑥监督管理黄金市场；⑦持有、管理、经营国家外汇储备、黄金储备；⑧经理国库；⑨维护支付、清算系统的正常运行；⑩指导、部署金融业反洗钱工作，负责反洗钱的资金监测；⑪负责金融业的统计、调查、分析和预测；⑫作为国家的中央银行，从事有关的国际金融活动；⑬国务院规定的其他职责。

（三）中国人民银行货币政策工具与业务

1. 货币政策的目标

中国人民银行为达到特定的目标对信用总量与货币供应量进行调节的工作被称为"货币政策"，该政策中所要达到的"特定目标"被称为"货币政策的目标"。

2. 货币政策工具

中国人民银行为实现货币政策的各项目标所运用的手段与渠道被称为"货币政策工具"。具体表现在以下五个方面：

（1）存款准备金。金融机构为满足客户的资金清偿与提取款等需求所准备的货币资金被称为"存款准备金"。在实际应用中，从资金的提取形式可将其分为三种类型：①库存现金；②法定存款准备金；③超额准备金。

（2）中央银行基准利率。中国人民银行对金融机构所设定的存款利率与贷款利率被称为"基准利率"。中国人民银行所制定的基本利率发生改变，会对市场率、商业银行利率造成不同程度的影响。

（3）再贴现。扣除利息简称"折扣"，又被称为"贴现"。因此，"贴现"是一种由票据持有人手持未到期票据到银行等金融机构提取相应的资金，银行需要将贴现日到提货日期中的利息扣除，按照票面所显示的余额对持票人进行支付资金。"再贴现"，是一种由金融机构持未到期票据到银行等金融机构提取相应的资金，银行需要将贴现日期到提现日期的利息扣除，按照票面所显示的余额对申请贴现的金融机构提供相应的资金。

（4）再贷款。商业银行向中央银行提供贷款申请，并由中央银行向商业银行提供相应的贷款，该行为被称为"再贷款"。"再贷款"是一种货币政策工具，能够实现对社会货币的供应量进行整合与调节，对基础货币投放量进行全面调整与控制。

（5）公开市场操作。国债、外汇，或者是他国政府债券以及金融债券是我国通过中国人民银行对市场进行调控的直观操作形式，因此被称为"公开市场操作"。

3. 货币政策委员会

货币政策委员会附属于中国人民银行，在我国所颁布的《中国人民银行法》中的第十二条对其做出明确的规定。1997年，国务院根据1995年《中国人民银行法》发布了《中国人民银行货币政策委员会条例》（以下简称《条例》）。《条例》第二条对货币委员会权力做出明确规定，货币政策委员会没有权力对货币政策进行制定与调整。但是，通常而言，为了能使货币政策反映不同部门的利益，选择货币政策委员会组成人员除了要考虑专业知识，还应该考虑组成人员的行业和地域。

货币政策委员会人选的确定流程为，由中国人民银行及其相关部门对货币政策委员会人选进行提名，并将人选递交给国务院，由国务院对其进行任命。同时，货币政策委员会委员还得遵守一定的义务，包括不得滥用职权、徇私舞弊。

（四）中国人民银行金融监管

1.金融监管模式及其比较

金融监管是中国人民银行的一项重要职能。中国人民银行由于垄断了货币发行权而具备了维护金融稳定的能力和实施金融监管的便利。各国由于其历史、文化、政治、经济和金融情况的不同，因而形成了各自不同的金融监管模式。例如，"统一监管模式""分头监管模式"。其一，"统一监管模式"是中央银行对不同金融机构、金融行业、金融业务进行统一的管理与控制。挪威、瑞典、英国、日本、韩国、奥地利等国家采用此种模式。此种模式的优势在于，有利于改善监管环境，防止银行管理工作中出现重复监管、真空监管现象，提高监督管理的强度与监管水平，降低监管成本，责任明确，适应性强。其不足是监管权限过于集中，缺乏监管制约，易导致官僚主义。其二，"分头监管模式"是根据银行产业、证券产业、保险产业，将金融市场与金融机构划分成三种领域，每种领域设立相应的监管机构，由专门的监管结构对银行领域、证券领域、保险领域进行分别负责，全面管理。此种模式是典型的分业监管模式。德国、美国、波兰等国家采用"分头监管模式"。"分头监管模式"能够提高监督管理工作的专业性、针对性与全面性，但该方式需要设置诸多的监管结构，监管成本相对较高，机构体系相对比较庞大，各项监管工作中存在较大的差异，协调性相对较差，易出现监管真空。1999年11月通过的《美国金融服务现代化法》，带领美国银行、证券机构、保险公司进入了混业经营的时代。混业经营体制下的分业监管，则易导致重复管理。

我国银行监管工作主要运用分业监管模式。银行监管会、证券监管会、保险监管会共同构成了我国金融监管的结构框架，分别对银行、证券和保险业进行监管，以此形成三位一体格局，宣告了政策制定与监管一体化的落幕。

2.中国人民银行的金融监管

我国金融监管体制经历了几次重大调整。《中国人民银行法》规定，推动中国人民银行职能的变革与发展，全面落实中国人民银行对货币政策的制定职能和执行职能，优化金融机构运行法则，充分发挥中国人民银行在金融领域的宏观调控作用，降低金融风险。为了适应职能的转变和金融监管体制的一系列改革，中国人民银行金融监管的角色也发生了转换，即由过去主要通过对银行业、证券机构、保险公司等金融机构的设立与业务内容进行审批，明确高级管理人员的各项职责，将传统的直接监管转化为对金融行业的宏观调控。为了提高中国人民银行对金融行业的宏观调控力度，维护金融市场的稳定，提高银行业监管水平，我国于2003年12月27日所召开的全国人大常委会第六次会议对《中国人民银行法》以及《商业银行法》进行修订，同时颁布《中华人民共和国银行业监督管理法》（于2006年修正），对金融监管体制做出了调整。中国银行业监督管理委员会于2003年初成立，主要负责对银行、信托投资公司、金融资产管理公司、财务公司、金融租赁公司等银行业金融机构进行统一化管理。中国人民银行不再履行监管银行业、证券业、保险业的职责，但同时考虑到各项金融风险，保留中国人民银行为履行央行职能所必需的、必要的监管职责。

三、银行业监督管理法

（一）银行业监督管理法

《中华人民共和国银行业监督管理法》（以下简称《银行业监督管理法》）是我国第一部针对银行行业监督管理工作专门设定的法律。

1.银行业监督管理法的特点

从《银行业监督管理法》的制定内容以及实施情况来看，《银行业监督管理法》主要呈现以下两方面特点：一方面，为监管机构行使监管职责给予充分的授权，为银行业实施监管给予充分的法律支持。另一方面，对银行监管工作中的权力进行约束与规范，严重制约监管机构的监管行为。具体表现如下：第一，对监管机构的监督机制进行强化，使监管规定具有强制性、明确性，并建立内容监督制度以及监督管理责任制，为监督管理机构提供法制基础；第二，对监管机构在实施监管职权中作出明确的要求与规定，增加对监管工作的约束性；第三，将国务院审计部门、监察部门等机关作为监管工作的主要实施机关，由国务院审计部门、监察部门等机关依法对银行实施外部监管工作，坚持公开、公正、公平、透明原则，使银行能够接受来自社会公众的监督，增加银行监督管理工作的透明性；第四，对监管机构履行职责和义务，以防止银行监管机构在实施监管中滥用职权。

2.银行业监督管理法的原则

从立法与实施角度对《银行业监督管理法》进行分析，可将《银行监督管理法》划分为两种原则类型，即"立法原则"与"实施原则"。其一，"立法原则"主要是指《银行业监督管理法》在制定过程所要遵守的原则；其二，"实施原则"主要是指《银行业监督管理法》在实施过程所要遵守的原则。

（二）银行业监督管理委员会

银行业监督管理委员会是国务院设置的银行业监督管理机构，该机构主要对银行业金融机构、银行业金融业务活动进行全面的监督与管理，该机构在实施其职责与义务时，应从实际情况出发，根据我国《银行业监督管理法》的各项规章制度要求，设立派出机构，并对其进行领导与管理，确保领导工作与管理工作具有统一性、一致性与协调性。

3.银行业监督管理机构的监督管理程序

银行业监督管理机构在实施其监督管理职责时，应严格按照银行业监督管理程序对银行业实施监督管理工作，确保监管管理符合法治要求的根本措施。主要是：

（1）对申请事项的批准程序

《银行业监督管理法》第二十二条规定："国务院银行业监督管理机构应当在规定的期限，对下列申请事项作出批准或者不批准的书面决定；决定不批准的，应当说明理由：①银行业金融机构的设立，自收到申请文件之日起六个月内；②银行业金融机构的变更、终止，以及业务范围和增加业务范围内的业务品种，自收到申请文件之日起三个月内；③审查董事和高级管理人员的任职资格，自收到申请文件之日起三十日内。"

（2）现场检查程序

《银行业监督管理法》第二十四条规定，国务院银行业监督管理机构应当制定现场检查程序，规范现场检查行为。

（三）银行业监督管理措施

《银行业监督管理法》为了保证对银行业监督管理的科学性、准确性、可行性、有效性与真实性，特针对银行业制定一系列监管措施，实际是监督管理权延伸，主要有：①信息取得；②现场检查；③监督管理谈话；④强制披露信息；⑤限制某些行为；⑥接管与重组；⑦撤销，针对银行业中所存在的违法行为、不合理经营现象进行整治，针对严重危害金融秩序的机构进行撤销；⑧对接管、撤销的银行业金融机构董事、高级管理人员的措施，银行业金融机构被撤销、接管应严格遵循国务院对银行业监督管理机构要求整合整合与管理；⑨冻结资金。

四、商业银行法

（一）商业银行法

对商业银行的权利、职责、义务以及经营行为进行规定的法律体系被称为"商业银行法"。从世界角度来看，不少国家和地区将"中央银行法"同"商业银行法"有机地整合到一起，使其能够协调统一，形成一部完整、系统的法律典籍，即《银行法》；从我国银行法的建设成果来看，特将"中央银行法"与"商业银行法"分割成两个相对独立的个体，即《中国人民银行法》与《中华人民共和国商业银行法》（以下简称《商业银行法》）。

（二）商业银行

我国《商业银行法》中所特指的"商业银行"，主要是严格按照各项法律体系与规章制度开展公众存款、办理结算、发放贷款等业务服务的企业法人。

在银行体系中，"商业银行"是其主体之一，是商业银行法律的主体对象。我国商业银行现阶段运行，主要运用股份制形式开展一系列的运营活动，拥有广泛的业务范围，并在发展中不断拓展与延伸，甚至深入海外市场。为维护存款人的合法权益，政府部门特对商业银行进行严格的监管工作。

（三）商业银行的形成与演变

1.商业银行的确立

商业银行的确立需要通过银行业监督管理委员会的考核与审批。若没有得到银行业监督管理委员会的考核与审批，任何组织或者是个人均不可以进行任何商业银行业务，且组织名称中不得出现"银行"纹样。

（1）商业银行的确立条件

任何组织或者个人想要设立商业银行，首先应严格按照《商业银行法》与《公司法》中的各项规定与章程，对组织性质、组织结构等内容进行合理规划，确保组织各项行为活动均符合《商业银行法》《公司法》的各项要求与规定；其次，应拥有完善、合理的管理制度与组织机构，为商业银行的各项工作提供基础保障，是商业银行的各项职能与服务能够顺利开展；最后，应保证组织活动或者是个人活动拥有符合标准的营业场所，各项设施齐全、完备，整个活动具有安全性、稳定性、可靠性与法治性。

（2）商业银行的确立过程

确立商业银行，首先应由组织或者个人向银行业监督管理委员会递交商业银行成立的相关申请；其次，当银行业监督管理委员会对组织或者是个人所递交的申请审批后，组织或者是个人应认真填写正式申请报表；再次，递交一切所需的申报材料，得到银行业监督管理委员会的一致认可，方可领取《金融机构法人许可证》；最后，组织或者是个人凭借《金融机构法人许可证》到工商行政管理部门办理工商登记，由银行业监督管理委员会出示相关公告。

2. 商业银行的组织形态

商业银行的任何组织形态均需要满足《公司法》的各项要求与规定。我国商业银行与大多数国家的商业银行一样采取有限责任公司或股份制的组织形式，即适用公司制。根据我国《公司法》的规定，我国商业银行在运营过程，主要呈现三种不同的运营形态，即"国有独资商业银行""有限责任商业银行""股份有限商业银行"。

3. 商业银行股份的转让

我国商业银行均采取股份制形式。根据《公司法》的规定，股东投入到公司的出资，不得抽回。股东要收回出资，只能采取转让股份的办法。

因此，商业银行的股东要转让其股份，必须按照《公司法》的规定进行。由于商业银行是经营货币的特殊企业，《商业银行法》对其转让股份行为进行着重限制与约束：任何组织或者个人在购买商业银行股份时，若所购买的股份占总额的百分之十，需要得到中国银行监督委员会的审批与认可；任何组织或者个人在购买商业银行股份时，若所购买股份占总额的百分之五，需要得到中国银行监督委员会的审批与认可。

4.商业银行的分支机构

（1）商业银行分支机构的确立

银行均有其下属机构。从商业银行的机构形态来看，商业银行分支机构的确立过程同商业银行确立过程具有高度的一致性与统一性。任何组织或者是个人想要设立商业银行的分支机构，均需得到中国银行业监督管理委员会的审批与认可，只有在获取中国银行业监督管理委员会的审批与认可后，方可获取《金融机构营业许可证》；组织或者个人凭借所获取的《金融机构营业许可证》到当地的工商行政管理部门办理相关登记手续，从工商行政管理部门领取商业银行分支机构的营业执照；最后，由中国银行业监督管理委员会对商业银行分支机构的确立信息发出相应的公告。

（2）商业银行分支机构的法律地位

《商业银行法》明确规定，商业银行同商业银行分支机构之间的本质区别在于，商业银行是"法人"，商业银行分支机构非"法人"。商业银行分支机构职能在商业银行总行授权的业务范围之内，严格按照各项法律体系，开展相应的商业银行活动。因此，商业银行分支机构的民事责任是由商业银行的总行来负责。在市场运行中，商业银行需要对商业银行的各分支机构进行统一、全面的核算与管理，实现资金的统一分配、统一调度，构建分级财务管理模式，制定分级管理财务制度，明确各分支机构的职责与义务。分支机构的营运资金由商业银行总行根据其经营规模拨付。拨付各分支机构营运资金额的总和，不得超过资本金总额的 60%。

（四）商业银行信贷法律制度

1.商业银行存款的相关法律规定

货币资金持有者或者所有者将其货币资金存储到银行或者非银行性质的金融机构，该行为被称为"存款"。从商业银行存款本质角度分析，"存款"活动具有"债权"性质，这种行为活动并不是指货币资金的持有者或者所有者对货币资金的所有权。因此，可按照存款活动人的性质对其进行分类，即"个人储蓄存款"与"机构存款"。

2.商业银行贷款的相关法律规定

（1）贷款的概述

贷款人为借款人提供货币资金，借款人按照实现约定好期限与利率向借款人偿还本金与利息，该行为活动被称为"贷款"。从商业银行的业务运行模式来看，贷款这一行为活动是商业银行最主要、最基本的资产业务服务。

（2）发放贷款所要遵循的原则

从《商业银行法》的各项规定来看，商业银行为借款人发放贷款时，应严格遵循接受国家产业政策指导原则、审贷分离与分级审批原则、担保原则、自主经营原则、密切协作原则、公平竞争原则、安全性原则、效益性原则、流动性原则。

其一，接受国家产业政策指导原则。该原则主要是指商业银行在发展与运营过程应严格按照国家政府部门所下发的各项规定开展相应的经济运营活动，结合市场发展的实际需求，确保商业银行的各项行为活动满足国民经济增长的各项需求以及社会发展的实际需要，积极跟随国家发展部分，遵守国家产业政策指导，并在国家产业政策指导下进行相应的贷款业务。

其二，审贷分离与分级审批原则。该原则主要是指商业银行开展贷款业务活动时应严格对借款人的借款用途、借款人的偿还能力、借款人的还款方式等基本情况进行逐一审核，确保借款人所提供的借款信息具有真实性、准确性、有效性，通过将审贷工作与贷款工作分离成两个相对独立的个体，提高审贷工作与借贷工作的可靠性与真实性，切实维护商业银行的基本利益，最大程度上避免不良贷款行为的发生，提高商业银行资产的安全性与稳定性。

其三，担保原则。该原则主要是指商业银行在实施贷款工作时，需要对申请借款人的资信情况进行严格审查，通过运用担保方式，提高贷款行为的安全性与稳定性，确保贷款能够按时、按期、按额进行收回。借款人需要按照商业银行的各项要求，向其提供可靠的担保凭证，商业银行对保证人所提供质押物与抵押物的权属、价值与可行性，保证人的偿还能力进行严格的逐一审查，确保质押物与抵押物属于保证人，质押物与抵押物同贷款金额相匹配，保证人拥有良好的偿还能力。

其四，自主经营原则。经国务院批准的特定贷款项目，国有独资商业银行应当发放贷款。因贷款造成的损失，由国务院采取相应补救措施。

（3）借款合同

借款合同是指贷款人与借款人之间达成的，将一定数额的货币资金贷给借款人，借款人按期偿还本息的协议。

《商业银行法》规定，商业银行贷款，应当与借款人订立书面合同。合同应当约定贷款种类、借款用途、金额、利率、还款期限、还款方式、违约责任和双方认为需要约定的其他事项。

借款合同中的贷款利率条款一般均由商业银行事先单方面确定。因为国家实行利率管理，商业银行必须按照中国人民银行规定的贷款利率的上下限，确定不同期限贷款的利率，借款合同双方当事人只能按规定的利率签订合同，不得擅自提高或降低利率。

（4）资产负债比例管理

为了贷款的安全性及流动性，保障银行资产的安全，维持商业银行的正常运行，商业银行贷款应当遵循下列资产负债比例管理的规定：①资本充足率不得低于 8%；②贷款余额与存款余额的比例不得超过 75%；③流动性资产余额与流动性负债余额的比例不得低于 25%；④对同一借款人的贷款余额与商业银行资本余额的比例不得超过 10%。

3. 商业银行其他业务的法律规定

（1）同业拆借管理的相关法律规定

银行与非银行金融机构二者之间出现短期相互融通资金行为被称为"同业拆借"。同业拆借应当遵守中国人民银行规定的期限。拆借的期限最长不得超过 4 个月。禁止利用拆借资金发放固定资产贷款或者用于投资。拆出资金限于存款准备金、留足备付金和归还中国人民银行到期贷款之后的闲置资金。拆入资金用于弥补票据结算、联行汇差头寸的不足和解决临时性周转资金的需要。

（2）账户管理的相关法律规定

《商业银行法》针对账户管理工作从存款用户角度出发对其做出明确规定。按照存款用户类型，可将其分为基本存款账户、一般存款账户、临时存款账户、专用存款账户。其一，基本存款账户，该存款账户主要是指存款人进行现金支付或者是办理日常转账结算的账户，此类账户存款人现金账户的支付与取款，仅能在本账户中进行；其二，一般存款账户，该账户类型主要是指存款人除基本存款账户之外所产生的借款转存信息，存款人能够利用本账户进行现金缴费、存款或者是办理转账、结算等，但是该账户的存款人无法办理现金支付与取款；其三，临时存款账户，该账户类型主要是指存款人临时开展经营活动所创建的，存款人利用本账户实施转账结算活动，按照国家现金管理对商业银行实施现金收付；其四，专用存款账户，该账户类型主要是指存款人用于特定活动的账户。

企业事业单位可以根据实际的实际需求选择任意一家商业银行创设基本账户。存款人不得开立两个以上的基本账户。任何单位和个人不得将单位的资金以个人名义开立账户存储。

（3）结算管理的相关法律规定

劳务供应、商品交易或者是其他经济行为产生的货币收付行为或者是债务清算活动，该行为被称为"结算"。从我国商业银行的运营情况来看，"结算"主要有两种类型，即现金结算与转账结算。其一，现金结算，该结算方式是指支付者直接利用现金进行结算债权债务的行为；其二，转账结算，该结算方式是指支付者不直接利用现金结算债权债务的行为，而利用结算工具在银行这一交易媒介的辅助下将结算债权债务从付款人账户转移到收款人账户的行为。

商业银行办理票据承兑、汇兑、委托收款等结算业务，应当按照规定的期限兑现，收付入账，不得压单、压票或者违反规定退票。有关兑现、收付入账期限的规定，商业银行应当公布。

（4）营业时间管理的相关法律规定

商业银行的营业时间应当方便客户，并且予以公告。商业银行应当在公告的营业时间内营业，不得擅自停止营业或者缩短营业时间。

（五）商业银行的接管

1.接管的概念

接管是指出现或者可能出现信用危机的商业银行，且商业银行在运行过程对存款人利益造成一定程度的影响，国务院银行业监督管理机构方可对其实施接管。接管的目的是对被接管的商业银行采取必要的措施，以保护存款人的利益，恢复商业银行的正常经营能力。接管由国务院银行业监督管理机构决定，并组织执行。被接管的商业银行法人资格继续存在，其债权债务不因接管而变化。

2. 接管决定

商业银行若在运营过程出现经营不善，存在一定程度的债务危机，需要国务院银行业监督管理机构对其下接管决定。接管决定应载明以下内容：被接管商业银行的名称；接管理由；接管组织；接管期限。接管决定由国务院银行业监督管理机构予以公告。

接管从接管决定实施之日起开始。自接管开始之日起，由接管组织行使商业银行的经营管理权力。接管期限届满的，国务院银行业监督管理机构可以决定延期，但接管期限最长不得超过 2 年。

3. 接管终止

有下列情形之一的，接管终止：①接管决定规定的期限届满或者国务院银行业监督管理机构决定的接管延期届满；接管期限届满前，该商业银行已恢复正常经营能力；接管期限届满前，该商业银行被合并或者被依法宣告破产。

（六）商业银行的终止

商业银行的终止主要是指商业银行在运营过程出现被撤销、自动解散或者是被宣告破产而终止的现象。

1. 商业银行的解散

商业银行因分立、合并或者出现章程规定的解散事由而解散。

商业银行解散，应当向国务院银行业监督管理机构提出申请，并附解散理由和支付存款本息等债务清偿计划，经国务院银行业监督管理机构批准后方可解散。商业银行解散，应当依法成立清算组，进行清算，按照清偿计划及时偿还存款本金和利息等债务。国务院银行业监督管理机构监督清算过程。

2. 商业银行的撤销

商业银行因吊销经营许可证而被撤销。

商业银行被撤销，国务院银行业监督管理机构应依法及时组织成立清算组，进行清算，按照清偿计划及时偿还存款本金和利息等债务。

3. 商业银行的破产

商业银行因不能支付到期债务而破产。

商业银行不能支付到期债务，经国务院银行业监督管理机构同意，由人民法院依法宣告其破产。商业银行被宣告破产的，由人民法院组织国务院银行业监督管理机构等有关部门和有关人员成立清算组，进行清算。商业银行破产清算时，在支付清算费用、所欠职工工资和劳动保险费用后，应当优先支付个人储蓄存款的本金和利息。

五、政策性银行法

（一）政策性银行

由政府设立，将政府经济政策作为建设目标，业务形式主要以专门经营政策性货币信为主，具有非营利性的银行被称为政策性银行。

因此，政策性银行在我国市场经济发展中具有以下法律特性：其一，由政府部门投资创办。该特性是政策性银行同商业银行之间的本质区别，该机构是由政府部门所设立的，其控股权在政府手中。其二，深入贯彻落实政府部门所下发的各项经济政策。该特性充分说明政策性银行是将政府部门所下发的各项社会经济政策作为其主要的工作职能，在整个运行过程具有非营利性。其三，拥有特定的经营范围。政策性银行的业务对象与业务领域均具有特定性。

（二）中国政策性银行的建立

1993 年 12 月 25 日，国务院下发《关于金融体制改革的决定》的相关文件，并在该文件中明确提出，要建立具有政策性的银行，并将金融改革的各项政策深入其中，明确政策性银行的建设内容。详细情况如下：其一，政策性银行的建立目的。将政策性金融活动同商业性金融活动有机地分离开来，从根本上处理专业银行同时肩负政策活动与商业活动的问题，断绝基础货币与政策性贷款之间的直接联系，给予中国人民银行在基础货币调控工作中充足的主动权。其二，政策性银行的经营原则。为确保政策性银行能够顺利开展，积极迎合市场发展需求，充分发挥政策性银行的职能作用与价值，需要政策性银行在建设过程中始终坚持保本经营原则、自担风险原则、不参与商业银行竞争原则等，且政策性银行在业务活动中需要接受来自中国人民银行的管理与监督。其三，政策性银行的建设类型。我国所建立的政策性银行主要有三家，即中国农业发展银行、国家开发银行、中国进出口信贷银行。其四，政策性银行的内部结构。在政策性银行中设立监事会，由政策性银行监事会负责政策性银行的一切经济运营活动。

（三）中国农业发展银行

中国农业发展银行，负责引导、筹集农业发展，并为农业提供政策性信贷资金。该银行主要负责办理国家法律规定的一切具有政策性的农业金融业务。中国农业发展银行的总部在北京设立，由国务院领导对其进行直接管理，运用独立核算手段，对中国农业发展银行实施自主管理、保本经营，使中国农业发展朝着企业化的方向发展。

（四）国家开发银行

国家开发银行，负责引导、筹措社会资金，对国家基础产业、基础设施、支柱产业提供政策性贷款。国家开发银行的总部在北京设立，由国务院领导对其进行直接管理，运用独立核算手段，严格遵循责权利相统一原则，对国家开发银行进行自主管理、保本经营，进行一系列具有政策性的金融业务与服务。

（五）中国进出口信贷银行

中国进出口信贷银行，执行国家产业政策以及国家外贸政策，且专门负责我国进出口各项政策性信贷业务。中国进出口信贷银行的总部在北京设立，由国务院领导对其进行直接管理。对中国进出口信贷银行实施自主管理、保本经营，使中国进出口银行发展朝着企业化的方向发展。

1. 中国进出口信贷银行的资金获取渠道

相关资料显示，中国进出口信贷银行的注册资本主要由我国政策财政部门核发，资本总额为33.8亿元人民币。其资金获取主要来自以下三种渠道：①我国财政部门下发专项资金；②金融机构下发的金融债券；③从国际金融市场上筹备资金。

2. 中国进出口信贷银行的业务范围

从我国国务院所设立的中国进出口信贷银行运营情况来看，该银行的所运营的业务主要涵盖以下几方面内容：①办理同资本性货物进出口信贷具有密切关系或者是中国政府对外国政府贷款、出口信贷、混合贷款的转贷活动；②为成套设备、机电产品等资本性货物进出口产业卖方信贷与卖方信贷；③办理国际银行间贷款，参加或者是组织进出口、代理业务的担保与保险活动；④为企业提供出口信贷担保、出口信用保险、保付代理、进出口保险等业务；⑤对进出口业务进行项目评审与咨询，为外经济技术贸易与合作提供所需的服务；⑥参加政策性金融保险组织或者是国际进出口银行组织；⑦在境外发行有价证券，在境内发行金融债券；⑧经营批准的外汇业务；⑨办理经批准的其他业务。

3. 组织机构

中国进出口信贷银行设董事会。董事会设董事长 1 人，视需要设副董事长。中国进出口信贷银行还设监事会，监事会受国务院委托对其经营方针及国有资产的保值、增值情况，对银行行长的经营业绩进行监督检查，对银行行长的工作做出评价和建议。

第二节　证券法律制度

证券是指证明有关经济权利的凭证，有广义和狭义之分，《中华人民共和国证券法》（以下简称《证券法》）规定的证券，从狭义角度分析，主要是指公司债券、股票以及国务院按照各项法律规定给所认定的其他类型的证券。证券市场主要是指证券发行与交易的场所，分为发行市场和流通市场。我国《证券法》对在证券活动和证券管理中应坚持的原则作了规定，包括公开、公平、公正原则等。证券发行是指证券发行人将其证券向投资人出售的行为，分为公开发行和非公开发行、设立发行和新股发行。证券的发行必须符合法律规定的条件和程序。证券交易是指证券的买卖与转让。符合法定条件，证券即可在证券市场进行上市交易；已上市的证券也可能因一定原因而暂停交易或终止交易。为保证证券市场的健康发展，上市公司必须持续公开其信息；同时，证券交易中不能实施禁止的交易行为。上市公司收购，是指收购人通过在证券交易所的股份转让活动持有一个上市公司的股份达到一定比例或通过证券交易所股份转让活动以外的其他合法途径控制一个上市公司的股份达到一定程度，使得其获得或者可能获得对该公司的实际控制权的行为。

一、证券法概述

（一）证券及证券法的概念

1.证券的概念和种类

证券是指证明有关经济权利的凭证。证券有三个特征：一是证券必须依法设置，必须依照国家法律或行政法规的规定签发，依法定格式书写或制作，证券上记载的内容应当合法；二是证券上记载的权利受法律保护，对持有人和有关当事人具有法律约束力；三是证券须采用书面结构。

从广义角度与狭义角度对"证券"进行分析，会得出不同的结论与信息。从广义角度分析，证券主要是指财物证券（如货运单、提单等）、货币证券（如支票、汇票、本票等）和资本证券（如股票、公司债券、基金凭证等）；狭义的证券仅指资本证券。其他证券主要指投资基金凭证、非公司企业债券、国家政府债券以及金融衍生品种如权证（包括认购权证和认沽权证）等。

其一，股票。股份有限公司的股东根据自己在公司中所享有的权利与义务所签发的证明的书面凭证，被称为"股票"。股票具有如下特征：①股票是一种有价证券；②股票是一种要式证券；③股票是一种无偿还期限的有价证券；④股票是一种高风险金融工具。

股票的发行与交易的管理方式不同，所代表的权利、义务关系不同，可划为不同的种类：①依股东权利、股东义务的类型，可将股份划分成两种应用形式，即"普通股份"与"优先股份"。其中，"普通股份"是指拥有普通权利承担普通义务的股份，是股份的最基本形式。"优先股份"是享有优先权的股份。②按照股票投资主体的性质，可将股份分成三种类型，即"国有股份""发起人股份""社会公众股"。③按投资者是以人民币认购和买卖还是以外币认购和买卖股票划分，股份可分为内资股和外资股。④按票面上是否出现股东的个人信息，可将股票分成两种形式，一种是"记名股票"，另一种是"无记名股票。"另外，人们根据发行股票企业的经营等情况，将股票分为绩优股、垃圾股、蓝筹股、红筹股等。

其二，债券。债券是有价证券的一种。按不同的标准，债券可分为：记名债券、不记名债券；担保债券、无担保债券；公司债券、企业债券；可转换债券、不可转换债券等。其中，"公司债券"主要是指某公司严格按照各项法律规定，在特定时间内依法发行的，拥有时间限制的，且需要偿本付息的有价证券。可转换公司债券在转换股份前，其持有人不具有股东的权利和义务。可转换公司债券可以依法转让、质押和继承。

其三，证券投资基金。由基金单位发行，将投资者的资金进行集中，将基金交给基金委托人进行管理，由基金管理人从事债券、股票等金融投资活动，这种活动所涉及的基金被称为"证券投资资金"。

证券投资基金的分类较多，有开放式基金与封闭式基金之分，也有股票基金与债券基金之别等。根据我国《证券投资基金法》的规定，基金运作方式可以采用封闭式、开放式或者其他方式。

2. 证券市场

证券市场是发行新证券的市场，证券发行人通过证券发行市场将已获准公开发行的证券第一次销售给投资者，以获取资金；证券流通市场又称二级市场，是对已发行的证券进行买卖、转让交易的场所。通过一级市场取得的证券可以到二级市场进行买卖，投资者可以在二级市场对证券进行不间断的交易。

（二）证券活动和证券管理原则

我国《证券法》针对证券活动作出明确规定，在证券活动和证券管理中应坚持如下原则：

1. 公开、公平、公正原则。

2. 自愿、有偿、诚实信用原则。

3. 守法原则。

4. 证券业与其他金融业分业经营、分业管理原则。证券业和银行业、信托业、保险业实行分业经营、分业管理，证券公司与银行、信托、保险业务机构分别设立。为适应我国加入 WTO 后金融市场对外开放的需要，与国际接轨，《证券法》第六条同时规定，"国家另有规定的除外"，这个规定实际上为将来的混业经营留下了余地。

5. 政府统一监管与行业自律原则。

6. 国家审计监督原则。

二、证券发行

（一）证券发行的概念和种类

证券发行是指证券发行人（如公司）将其证券向投资人出售的行为。证券发行可以分为公开发行和非公开发行、设立发行和新股发行等。《证券法》第九条规定，有下列情形之一的，为公开发行：①向不特定对象发行证券；②向特定对象发行证券累计超过二百人，但依法实施员工持股计划的人数不计算在内；③法律、行政法规规定的其他发行行为。

（二）证券发行条件

1. 股票发行的条件

股票发行有首次公开发行（IPO）和新股发行两种情形。

公司发行股票涉及公众投资者的利益，《证券法》第十二条规定了公司首次发行新股，应当符合下列条件：①具备健全且运行良好的组织机构；②具有持续经营能力；③最近三年财务会计报告被出具无保留意见审计报告；④发行人及其控股股东、实际控制人最近三年不存在贪污、贿赂、侵占财产、挪用财产或者破坏社会主义市场经济秩序的刑事犯罪；⑤经国务院批准的国务院证券监督管理机构规定的其他条件。

上市公司发行新股，应当符合经国务院批准的国务院证券监督管理机构规定的条件。

2. 公司债券的发行条件

公开发行公司债券，应当符合下列条件：①具备健全且良好的组织机构；②最近三年平均可分配利润足以支付公司债券一年的利息；③国务院规定的其他条件。

上市公司发行可转换为股票的公司债券，除应当符合第一款规定的条件外，还应当符合《证券法》第十二条第二款的规定。

此外，我国《证券法》还就公司再次发行债券的条件作了限制性的规定，即有下列情形之一的，不得再次公开发行公司债券：①对已公开发行的公司债券或者其他债务有违约或者延迟支付本息的事实，仍处于继续状态；②违反本法规定，改变公开发行公司债券所募资金的用途。

3. 可转换公司债券的发行条件

上市公司发行可转换公司债券，应符合《证券法》关于公司债券发行条件和公开发行股票条件的规定。另外，根据《可转换公司债券管理暂行办法》（失效）以及中国证监会颁发的有关文件，上市公司发行可转换公司债券，应当符合下列条件：①最近3年连续盈利，且最近3年净资产利润率平均在10%以上；属于能源、原材料、基础设施类的公司可以略低，但是不得低于7%；②可转换公司债券发行后，资产负债率不高于70%；

③累计债券余额不超过公司净资产额的 40%；④募集资金的投向符合国家产业政策；⑤可转换公司债券的利率不超过银行同期存款的利率水平；⑥可转换公司债券的发行额不少于人民币 1 亿元；⑦国务院证券委员会规定的其他条件。

4. 设立证券投资基金的条件

证券投资基金的依法募集由基金管理人承担。根据《中华人民共和国证券投资基金法》（以下简称《证券投资基金法》）的规定，设立基金管理公司，应当具备下列条件，并经国务院证券监督管理机构批准：①有符合《证券投资基金法》和《公司法》规定的章程；②注册资本不低于一亿元人民币，且必须为实缴货币资本；③主要股东应当具有经营金融业务或者管理金融机构的良好业绩、良好的财务状况和社会信誉，资产规模达到国务院定的标准，最近三年没有违法记录；④取得基金从业资格的人员达到法定人数；⑤董事、监事、高级管理人员具备相应的任职条件；⑥有符合要求的经营场所、安全防范设施和与基金管理业务有关的其他设施；⑦有良好的内部治理结构、完善的内部稽核监控制度、风险控制制度；⑧法律、行政法规规定的和经国务院批准的国务院证券监督管理机构规定的其他条件。

（三）证券发行的程序

根据《证券法》规定，证券发行程序大致包括以下几个阶段。

1. 提出申请

根据规定，设立股份有限公司公开发行股票，应当向国务院证券监督管理机构报送募股申请和下列文件：①公司章程；②发起人协议；③发起人姓名或者名称，发起人认购的股份数、出资种类及验资证明；④招股说明书；⑤代收股款银行的名称及地址；⑥承销机构名称及有关的协议。依照本法规定聘请保荐人的，还应当报送保荐人出具的发行保荐书。法律、行政法规规定设立公司必须报经批准的，还应当提交相应的批准文件。

公司公开发行新股，应当向国务院证券监督管理机构报送募股申请和下列文件：①公司营业执照；②公司章程；③股东大会决议；④招股说明书或者其他公开发行募集文件；⑤财务会计报告；⑥代收股款银行的名称及地址。依照本法规定聘请保荐人的，还应当报送保荐人出具的发行保荐书。依照本法规定实行承销的，还应当报送承销机构名称及有关的协议。

申请公开发行公司债券，应当向国务院授权的部门或者国务院证券监督管理机构报送下列文件：①公司营业执照；②公司章程；③公司债券募集办法；④国务院授权的部门或者国务院证券监督管理机构规定的其他文件。依照本法规定聘请保荐人的，还应当报送保荐人出具的发行保荐书。

发行人申请首次公开发行股票的，在提交申请文件后，应当按照国务院证券监督管理机构的规定预先披露有关申请文件。

2. 保荐机构保荐

发行人申请公开发行股票、可转换为股票的公司债券，依法采取承销方式的，或者公开发行法律、行政法规规定实行保荐制度的其他证券的，应当聘请具有保荐资格的机构担任保荐人。保荐人应当遵守业务规则和行业规范，诚实守信，勤勉尽责，对发行人的申请文件和信息披露资料进行审慎核查，督导发行人规范运作。

3. 核准

公开发行证券，必须符合法律、行政法规规定的条件，并依法报经国务院证券监督管理机构或者国务院授权的部门核准；未经依法核准，任何单位和个人不得公开发行证券。

国务院证券监督管理机构设发行审核委员会，依法审核股票发行申请。

国务院证券监督管理机构依照法定条件负责核准股票发行申请。核准程序应当公开，依法接受监督。参与审核和核准股票发行申请的人员，不得与发行申请人有利害关系，不得直接或者间接接受发行申请人的馈赠，不得持有所核准的发行申请的股票，不得私下与发行申请人进行接触。

国务院授权的部门对公司债券发行申请的核准，参照前两款的规定执行。

国务院证券监督管理机构或者国务院授权的部门应当自受理证券发行申请文件之日起三个月内，依照法定条件和法定程序做出予以核准或者不予核准的决定，发行人根据要求补充、修改发行申请文件的时间不计算在内；不予核准的，应当说明理由。

4. 公开发行文件

证券发行申请经核准，发行人应当依照法律、行政法规的规定，在证券公开发行前，公告公开发行募集文件，并将该文件置备于指定场所供公众查阅。发行证券的信息依法公开前，任何知情人不得公开或者泄露该信息。发行人不得在公告公开发行募集文件前发行证券。

5. 发行证券

我国目前法律规定证券发行采用间接发行方式，即证券发行必须由证券公司承销。承销是指证券经营机构依照协议包销或者代销发行人向社会公开发行的证券的行为。证券公司应当依照法律、行政法规的规定承销发行人向社会公开发行的证券。证券的承销包括代销和包销两种方式。证券代销是指证券公司代发行人发售证券，在承销期结束后，将未售出的证券全部退还给发行人的承销式。证券包销分两种情况：一是证券公司将发行人的证券按照协议全部购入，然后再向投资者销售，当卖出价高于购入价时，其差价归证券公司所有；当卖出价低于购入价时，其损失由证券公司承担。二是证券公司在承销期结束后，将售后剩余证券全部自行购入。在这种承销方式下，证券公司要与发行人签订合同，在承销期内，是一种代销行为；在承销期满后，是一种包销行为。我国只有具备法定条件的证券公司，才有证券承销资格。

6. 补救措施与法律责任

国务院证券监督管理机构或者国务院授权的部门对已做出的核准证券发行的决定，发现不符合法定条件或者法定程序，尚未发行证券的，应当予以撤销，停止发行。已经发行尚未上市的，撤销发行核准决定，发行人应当按照发行价并加算银行同期存款利息返还证券持有人；保荐人应当与发行人承担连带责任，但是能够证明自己没有过错的除外；发行人的控股股东、实际控制人有过错的，应当与发行人承担连带责任。

7. 投资风险的承担

股票依法发行后，发行人经营与收益的变化，由发行人自行负责；由此变化引致的投资风险，由投资者自行负责。

三、证券交易

（一）证券交易的一般规则

证券交易是指证券的买卖与转让。证券可以在市场上依法买进、卖出和转让，其价格随市场行情的变化而变化，这是证券投资的风险所在。所以，国家对证券的交易一般要作出严格的规定。由于证券的品种不同，其交易规则也不完全一样，但证券交易也有一些共性的规则，根据我国《证券法》的规定，在证券交易中应遵守如下共性的规则。

（1）证券必须合法。具体有两层含义：①证券交易的标的必须是依法发行并交付的证券；②非依法发行的证券，不得买卖。

（2）禁止证券在限制转让的期限内进行买卖。①上市公司董事、监事、高级管理人员、持有上市公司股份 5% 以上的股东，将其持有的该公司的股票在买入后 6 个月内卖出，或者在卖出后 6 个月内又买入，由此所得收益归该公司所有，公司董事会应当收回其所得收益。但是，证券公司因包销购入售后剩余股票而持有 5% 以上股份的，卖出该股票不受 6 个月时间限制。②为股票发行出具审计报告、资产评估报告或者法律意见书等文件的证券服务机构和人员，在该股票承销期内和期满后 6 个月内，不得买卖该种股票。为上市公司出具审计报告、资产评估报告或者法律意见书等文件的证券服务机构和人员，自接受上市公司委托之日起至上述文件公开后 5 日内，不得买卖该种股票。③证券交易内幕信息的知情人和非法获取内幕信息的人，在内幕信息公开前，不得买卖该公司的证券，或者泄露该信息，或者建议他人买卖该证券。④通过证券交易所的证券交易，投资者持有或者通过协议、其他安排与他人共同持有一个上市公司已发行的股份达到 5% 时，应当在该事实发生之日起 3 日内，向国务院证券监督管理机构、证券交易所作出书面报告，通知该上市公司，并予公告；在上述期限内，不得再行买卖该上市公司的股票。投资者持有或者通过协议、其他安排与他人共同持有一个上市公司已发行的股份达到 5% 后，其所持该上市公司已发行的股份比例每增加或者减少 5%，应当依照前款规定进行报告和公告。在报告期限内和做出报告、公告后 2 日内，不得再行买卖该上市公司的股票。⑤通过证券交易所的证券交易，投资者持有发行人已发行的可转换公司债券达到 20% 时，应在该事实发生之日起 3 日内，向中国证监会、证券交易所书面报告，通知发行人并予以公告；在上述规定的期限内，不得再行买卖该发行人的可转换公司债券，也不得买卖该发行人的股票。投资人持有发行人已发行可转换公司债券达到 20% 后，其所持该发行人已发行的可转换公司债券比例每增加或者减少 10% 时，应按上述规定进行书面报告和公告。在报告期限内和做出报告、公告后 2 日内，不得再行买卖该发行人的可转换公司债券，也不得买卖该发行人的股票。

（3）依法公开发行的股票、公司债券及其他证券，应当在依法设立的证券交易所上市交易或者在国务院批准的其他证券交易场所转让。

（4）证券在证券交易所上市交易，应当采用公开的集中交易方式或者国务院证券监督管理机构批准的其他方式。

（5）证券交易当事人买卖的证券可以采用纸面形式或者国务院证券监督管理机构规定的其他形式。

（6）证券交易以现货和国务院规定的其他方式进行交易。

（7）证券交易所、证券公司和证券登记结算机构的从业人员、证券监督管理机构的工作人员以及法律、行政法规禁止参与股票交易的其他人员，在任期或者法定限期内，不得直接或者以化名、借他人名义持有、买卖股票，也不得收受他人赠送的股票。任何人在成为前款所列人员时，其原已持有的股票，必须依法转让。

（8）证券交易所、证券公司、证券登记结算机构必须依法为客户开立的账户保密。

（9）证券交易的收费必须合理，并公开收费项目、收费标准和收费办法。证券交易的收费项目、收费标准和管理办法由国务院有关主管部门统一规定。

（二）证券上市交易

1.证券上市交易的条件

（1）股票上市交易条件

股份有限公司申请股票上市，应当符合下列条件：①股票经国务院证券监督管理机构核准已公开发行；②公司股本总额不少于人民币三千万元；③公开发行的股份达到公司股份总数的百分之二十五以上；公司股本总额超过人民币四亿元的，公开发行股份的比例为百分之十以上；④公司最近三年无重大违法行为，财务会计报告无虚假记载。证券交易所可以规定高于前款规定的上市条件，并报国务院证券监督管理机构批准。

（2）公司债券上市交易条件

公司申请公司债券上市交易，应当符合下列条件：①公司债券的期限为一年以上；②公司债券实际发行额不少于人民币五千万元；③公司申请债券上市时仍符合法定的公司债券发行条件。

（3）证券投资基金上市交易条件

申请上市的基金必须符合下列条件：①基金的募集符合证券投资基金法的规定；②基金合同期限为五年以上；③基金募集金额不低于二亿元人民币；④基金持有人不少于一千人；⑤基金份额上市交易规则规定的其他条件。

2.证券上市程序

（1）提出申请

申请证券上市交易，应当向证券交易所提出申请，由证券交易所依法审核同意，并由双方签订上市协议。

申请股票、可转换为股票的公司债券或者法律、行政法规规定实行保荐制度的其他证券上市交易，应当聘请具有保荐资格的机构担任保荐人。

（2）公告上市报告等文件资料

股票上市交易申请经证券交易所审核同意后，签订上市协议的公司应当在规定的期限内公告股票上市的有关文件，并将该文件置备于指定场所供公众查阅。

公司债券上市交易申请经证券交易所审核同意后，签订上市协议的公司应当在规定的期限内公告公司债券上市文件及有关文件，并将其申请文件置备于指定场所供公众查阅。

3.证券的暂停与终止上市

（1）股票暂停与终止上市

上市公司有下列情形之一的，由证券交易所决定暂停其股票上市交易：

①公司股本总额、股权分布等发生变化不再具备上市条件；②公司不按照规定公开其财务状况，或者对财务会计报告作虚假记载，可能误导投资者；③公司有重大违法行为；④公司最近三年连续亏损；⑤证券交易所上市规则规定的其他情形。

上市公司有下列情形之一的，由证券交易所决定终止其股票上市交易：①公司股本总额、股权分布等发生变化不再具备上市条件，在证券交易所规定的期限内仍不能达到上市条件；②公司不按照规定公开其财务状况，或者对财务会计报告作虚假记载，且拒绝纠正；③公司最近三年连续亏损，在其后一个年度内未能恢复盈利；④公司解散或者被宣告破产；⑤证券交易所上市规则规定的其他情形。

（2）公司债券的暂停与终止上市

公司债券上市交易后，公司有下列情形之一的，由证券交易所决定暂停其公司债券上市交易：①公司有重大违法行为；②公司情况发生重大变化不符合公司债券上市条件；③发行公司债券所募集的资金不按照核准的用途使用；④未按照公司债券募集办法履行义务；⑤公司最近两年连续亏损。

公司有前述第①、④项所列情形之一经查实后果严重的，或者有前述第②、③、⑤项所列情形之一，在限期内未能消除的，由证券交易所决定终止其公司债券上市交易。公司解散或者被宣告破产的，由证券交易所终止其公司债券上市交易。

证券交易所决定暂停或者终止证券上市交易的，应当及时公告，并报国务院证券监督管理机构备案。

（3）证券投资基金的暂停上市和终止上市

基金上市期间，出现下列情形之一的，将暂时停止上市：①发生重大变更而不符合上市条件；②违反国家法律、法规，国务院证券监督管理机构决定暂停上市；③严重违反投资基金上市规则；④国务院证券监督管理机构和证券交易所认为须暂停上市的其他情形。

基金上市期间，有下列情形之一的，将终止上市：①不再具备证券投资基金法规定的上市交易条件；②基金合同期限届满；③基金份额持有人大会决定提前终止上市交易；④基金合同约定的或者基金份额上市交易规则规定的终止上市交易的其他情形。

4.复核

对证券交易所做出的不予上市、暂停上市、终止上市决定不服的，可以向证券交易所设立的复核机构申请复核。

（三）持续信息公开

1.信息公开的基本要求

向社会公开发行股票、公司债券和企业债券，以及证券投资基金的单位，都必须将有关信息公开，以利于发行对象了解情况，对投资风险和投资收益进行估计，进而对投资做出决断。向社会公布有关信息还有利于社会公众对证券发行人的监督，也有利于政府的监管。为此，各国法律都对证券发行中的信息公开做出了规定。

我国《证券法》对信息公开的基本要求包括：

发行人、上市公司依法披露的信息，必须真实、准确、完整，不得有虚假记载、误导性陈述或者重大遗漏。

上市公司董事、高级管理人员应当对公司定期报告签署书面确认意见。上市公司监事会应当对董事会编制的公司定期报告进行审核并提出书面审核意见。上市公司董事、监事、高级管理人员应当保证上市公司所披露的信息真实、准确、完整。

发行人、上市公司公告的招股说明书、公司债券募集办法、财务会计报告、上市报告文件、年度报告、中期报告、临时报告以及其他信息披露资料，有虚假记载、误导性陈述或者重大遗漏，致使投资者在证券交易中遭受损失的，发行人、上市公司应当承担赔偿责任；发行人、上市公司的董事、监事、高级管理人员和其他直接责任人员以及保荐人、承销的证券公司，应当与发行人、上市公司承担连带赔偿责任，但是能够证明自己没有过错的除外；发行人、上市公司的控股股东、实际控制人有过错的，应当与发行人、上市公司承担连带赔偿责任。

依法必须披露的信息，应当在国务院证券监督管理机构指定的媒体发布，同时将其置备于公司住所、证券交易所，供社会公众查阅。

国务院证券监督管理机构对上市公司年度报告、中期报告、临时报告以及公告的情况进行监督，对上市公司分派或者配售新股的情况进行监督，对上市公司控股股东和信息披露义务人的行为进行监督。证券监督管理机构、证券交易所、保荐人、承销的证券公司及有关人员，对公司依照法律、行政法规规定必须做出的公告，在公告前不得泄露其内容。

2. 信息公开的内容

（1）招股说明书、公司债券募集办法等

经国务院证券监督管理机构核准依法公开发行股票，或者经国务院授权的部门核准依法公开发行公司债券，应当公告招股说明书、公司债券募集办法。依法公开发行新股或者公司债券的，还应当公告财务会计报告。

（2）定期报告和临时报告

季度报告。从 2002 年起，所有上市公司必须编制并披露季度报告。季度报告应在会计年度前 3 个月、9 个月结束后的 30 日内编制，并将报告正文刊载于中国证监会指定的报纸上，将季度报告全文刊载于中国证监会指定的互联网网站上，并在披露季度报告后的 10 日内，将季度报告文本一式两份分别报送中国证监会、股票挂牌交易的证券交易所和公司所在地的证券监管派出机构。

中期报告。上市公司和公司债券上市交易的公司，应当在每一会计年度的上半年结束之日起两个月内，向国务院证券监督管理机构和证券交易所报送中期报告，并予公告。

年度报告。上市公司和公司债券上市交易的公司，应当在每一会计年度结束之日起4个月内，向国务院证券监督管理机构和证券交易所报送年度报告，并予公告。

临时报告。发生可能对上市公司股票交易价格产生较大影响的重大事件，投资者尚未得知时，上市公司应当立即将有关该重大事件的情况向国务院证券监督管理机构和证券交易所报送临时报告，并予公告，说明事件的起因、目前的状态和可能产生的法律后果。

下列情况为前款所称重大事件：①公司的经营方针和经营范围的重大变化；②公司的重大投资行为和重大的购置财产的决定；③公司订立重要合同，可能对公司的资产、负债、权益和经营成果产生重要影响；④公司发生重大债务和未能清偿到期重大债务的违约情况；⑤公司发生重大亏损或者重大损失；⑥公司生产经营的外部条件发生的重大变化；⑦公司的董事、三分之一以上监事或者经理发生变动；⑧持有公司百分之五以上股份的股东或者实际控制人，其持有股份或者控制公司的情况发生较大变化；⑨公司减资、合并、分立、解散及申请破产的决定；⑩涉及公司的重大诉讼，股东大会、董事会决议被依法撤销或者宣告无效；⑪公司涉嫌犯罪被司法机关立案调查，公司董事、监事、高级管理人员涉嫌犯罪被司法机关采取强制措施；⑫国务院证券监督管理机构规定的其他事项。

（四）禁止的交易行为

为保证证券市场的健康发展，有效发挥证券市场的资源配置功能，我国《证券法》对违法的证券交易行为，作了禁止性规定。我国禁止的证券交易行为有：

1.内幕交易

内幕交易，指证券交易内幕信息的知情人和非法获取内幕信息的人利用内幕信息从事证券交易活动。我国法律禁止内幕交易。

证券交易内幕信息的知情人包括：①发行人的董事、监事、高级管理人员；②持有公司百分之五以上股份的股东及其董事、监事、高级管理人员，公司的实际控制人及其董事、监事、高级管理人员；③发行人控股的公司及其董事、监事、高级管理人员；④由于所任公司职务可以获取公司有关内幕信息的人员；⑤证券监督管理机构工作人员以及由于法定职责对证券的发行、交易进行管理的其他人员；⑥保荐人、承销的证券公司、证券交易所、证券登记结算机构、证券服务机构的有关人员；⑦国务院证券监督管理机构规定的其他人。

证券交易活动中，涉及公司的经营、财务或者对该公司证券的市场价格有重大影响的尚未公开的信息，为内幕信息。下列信息皆属内幕信息：①《证券法》第八十一条所列重大事件；②公司分配股利或者增资的计划；③公司股权结构的重大变化；④公司债务担保的重大变更；⑤公司营业用主要资产的抵押、出售或者报废一次超过该资产的30%；⑥公司的董事、监事、高级管理人员的行为可能依法承担重大损害赔偿责任；⑦上市公司收购的有关方案；⑧国务院证券监督管理机构认定的对证券交易价格有显著影响的其他重要信息。

证券交易内幕信息的知情人和非法获取内幕信息的人，在内幕信息公开前，不得买卖该公司的证券，或者泄露该信息，或者建议他人买卖该证券。

持有或者通过协议、其他安排与他人共同持有公司5%以上股份的自然人、法人、其他组织收购上市公司的股份，《证券法》另有规定的，适用其规定。

内幕交易行为给投资者造成损失的，行为人应当依法承担赔偿责任。

2. 操纵市场

我国《证券法》禁止任何人以下列手段操纵证券市场：①单独或者通过合谋，集中资金优势、持股优势或者利用信息优势联合或者连续买卖，操纵证券交易价格或者证券交易量；②与他人串通，以事先约定的时间、价格和方式相互进行证券交易，影响证券交易价格或者证券交易量；③在自己实际控制的账户之间进行证券交易，影响证券交易价格或者证券交易量；④以其他手段操纵证券市场。

操纵证券市场行为给投资者造成损失的，行为人应当依法承担赔偿责任。

3. 制造虚假信息行为

我国《证券法》禁止国家工作人员、传播媒介从业人员和有关人员编造、传播虚假信息，扰乱证券市场。禁止证券交易所、证券公司、证券登记结算机构、证券服务机构及其从业人员，证券业协会、证券监督管理机构及其工作人员，在证券交易活动中做出虚假陈述或者信息误导。各种传播媒介传播证券市场信息必须真实、客观，禁止误导。

制造虚假信息的行为具体包括：①编制并传播能影响证券交易的虚假信息；②对已有的信息进行歪曲、篡改；③发行人、证券经营机构在招募说明书、上市公告书、公司报告及其他文件中做出虚假陈述；④律师事务所、会计师事务所、资产评估机构等专业性证券服务机构在其出具的法律意见书、审计报告、资产评估报告及参与制作的其他文件中做出虚假陈述；⑤证券交易场所、证券业协会或者其他证券业自律性组织做出对证券市场产生影响的虚假陈述；⑥发行人、证券经营机构、专业性证券服务机构、证券业自律性组织在向证券监管部门提交的各种文件、报告和说明中做出虚假陈述；⑦在证券发行、交易及其相关活动中的其他虚假陈述。

4. 欺诈客户行为

欺诈客户是指证券公司及其从业人员在证券交易中违背客户的真实意愿，侵害客户利益的行为。

欺诈客户的行为包括：①违背客户的委托为其买卖证券；②不在规定时间内向客户提供交易的书面确认文件；③挪用客户所委托买卖的证券或者客户账户上的资金；④未经客户的委托，擅自为客户买卖证券，或者假借客户的名义买卖证券；⑤为牟取佣金收入，诱使客户进行不必要的证券买卖；⑥利用传播媒介或者通过其他方式提供、传播虚假或者误导投资者的信息；⑦其他违背客户真实意思表示，损害客户利益的行为。

欺诈客户行为给客户造成损失的，行为人应当依法承担赔偿责任。

5. 其他禁止交易的行为

其他禁止交易的行为包括：①禁止法人非法利用他人账户从事证券交易；禁止法人出借自己或者他人的证券账户；②禁止资金违规流入股市；③禁止任何人挪用公款买卖证券。

（五）上市公司的收购

1. 上市公司收购的概念与种类

上市公司收购，是指收购人通过在证券交易所的股份转让活动持有一个上市公司的股份达到一定比例，通过证券交易所股份转让活动以外的其他合法途径控制一个上市公司的股份达到一定程度，导致其获得或者可能获得对该公司的实际控制权的行为。我国《证券法》规定，投资者可以采取要约收购、协议收购及其他合法方式收购上市公司。

2. 要约收购的法律规定

通过证券交易所的证券交易，投资者持有或者通过协议、其他安排与他人共同持有一个上市公司已发行的股份达到百分之五时，应当在该事实发生之日起三日内，向国务院证券监督管理机构、证券交易所作出书面报告，通知该上市公司，并予公告；在上述期限内，不得再行买卖该上市公司的股票。

投资者持有或者通过协议、其他安排与他人共同持有一个上市公司已发行的股份达到百分之五后，其所持该上市公司已发行的股份比例每增加或者减少百分之五，应当依照前款规定进行报告和公告。在报告期限内和做出报告、公告后两日内，不得再行买卖该上市公司的股票。

通过证券交易所的证券交易，投资者持有或者通过协议、其他安排与他人共同持有一个上市公司已发行的股份达到百分之三十时，继续进行收购的，应当依法向该上市公司所有股东发出收购上市公司全部或者部分股份的要约。收购上市公司部分股份的收购要约应当约定，被收购公司股东承诺出售的股份数额超过预定收购的股份数额的，收购人按比例进行收购。

收购人发出收购要约，必须事先向国务院证券监督管理机构报送上市公司收购报告书。收购人还应当将上市公司收购报告书同时提交证券交易所。

收购人在依照规定报送上市公司收购报告书之日起十五日后，公告其收购要约。在上述期限内，国务院证券监督管理机构发现上市公司收购报告书不符合法律、行政法规规定的，应当及时告知收购人，收购人不得公告其收购要约。收购要约约定的收购期限不得少于三十日，并不得超过六十日。

在收购要约确定的承诺期限内，收购人不得撤销其收购要约。收购人需要变更收购要约的，必须事先向国务院证券监督管理机构及证券交易所提出报告，经批准后，予以公告。

收购要约提出的各项收购条件，适用于被收购公司的所有股东。

采取要约收购方式的，收购人在收购期限内，不得卖出被收购公司的股票，也不得采取要约规定以外的形式和超出要约的条件买入被收购公司的股票。

3. 协议收购的法律规定

采取协议收购方式的，收购人可以依照法律、行政法规的规定同被收购公司的股东以协议方式进行股份转让。以协议方式收购上市公司时，达成协议后，收购人必须在三日内将该收购协议向国务院证券监督管理机构及证券交易所作出书面报告，并予公告。在公告前不得履行收购协议。

采取协议收购方式的，协议双方可以临时委托证券登记结算机构保管协议转让的股票，并将资金存放于指定的银行。

采取协议收购方式的，收购人收购或者通过协议、其他安排与他人共同收购一个上市公司已发行的股份达到百分之三十时，继续进行收购的，应当向该上市公司所有股东发出收购上市公司全部或者部分股份的要约。但是，经国务院证券监督管理机构免除发出要约的除外。

4. 其他规定

收购期限届满，被收购公司股权分布不符合上市条件的，该上市公司的股票应当由证券交易所依法终止上市交易；其余仍持有被收购公司股票的股东，有权向收购人以收购要约的同等条件出售其股票，收购人应当收购。收购行为完成后，被收购公司不再具备股份有限公司条件的，应当依法变更企业形式。

在上市公司收购中，收购人持有的被收购的上市公司的股票，在收购行为完成后的十二个月内不得转让。

收购行为完成后，收购人与被收购公司合并，并将该公司解散的，被解散公司的原有股票由收购人依法更换。

收购行为完成后，收购人应当在十五日内将收购情况报告国务院证券监督管理机构和证券交易所，并予公告。

收购上市公司中由国家授权投资的机构持有的股份，应当按照国务院的规定，经有关主管部门批准。国务院证券监督管理机构应当依照《证券法》的原则制定上市公司收购的具体办法。

四、证券交易所与证券中介机构

（一）证券交易所

1. 证券交易所的概念

证券交易所是为证券集中交易提供场所和设施，组织和监督证券交易，实行自律管理的法人，分为会员制证券交易所和公司制证券交易所两种形式。会员制证券交易所是以会员协会形式成立的不以营利为目的的法人组织，其会员主要为证券商，只有会员以及有特许权的经纪人，才有资格在交易所中交易。会员制证券交易所实行会员自治、自律、自我管理。

2. 证券交易所的设立和组织机构

（1）证券交易所的设立

证券交易所的设立和解散由国务院决定。

设立证券交易所必须制定章程。证券交易所章程的制定和修改，必须经国务院证券监督管理机构批准。

证券交易所必须在其名称中标明证券交易所字样。其他任何单位或者个人不得使用证券交易所或者近似的名称。

（2）证券交易所的组织机构

理事会。理事会是证券交易所的决策机构，每届任期三年。理事会由七至十三人组成，其中非会员理事人数不少于理事会成员总数的三分之一，不超过理事会成员总数的二分之一。

总经理。证券交易所设总经理一人，由国务院证券监督管理机构任免。总经理为证券交易所的法定代表人，主持证券交易所的日常管理工作。证券交易所可根据需要设立专门委员会，如证券发行审核委员会、监察委员会等。

存在《公司法》第一百四十六条规定的情形或者下列情形之一的，不得担任证券交易所的负责人：①因违法行为或者违纪行为被解除职务的证券交易所、证券登记结算机构的负责人或者证券公司的董事、监事、高级管理人员，自被解除职务之日起未逾五年；②因违法行为或者违纪行为被撤销资格的律师、注册会计师或者投资咨询机构、财务顾问机构、资信评级机构、资产评估机构、验证机构的专业人员，自被撤销资格之日起未逾五年。

因违法行为或者违纪行为被开除的证券交易所、证券登记结算机构、证券服务机构、证券公司的从业人员和被开除的国家机关工作人员，不得招聘为证券交易所的从业人员。

3. 证券交易所的工作职责

证券交易所应当为组织公平的集中交易提供保障，公布证券交易即时行情，并按交易日制作证券市场行情表，予以公布。未经证券交易所许可，任何单位和个人不得发布证券交易即时行情。

因突发性事件而影响证券交易的正常进行时，证券交易所可以按照业务规则采取技术性停牌的措施；因不可抗力的突发性事件或者为维护证券交易的正常秩序，证券交易所可以决定临时停市。证券交易所采取技术性停牌或者决定临时停市，必须及时报告国务院证券监督管理机构。

对证券交易实行实时监控，并按照国务院证券监督管理机构的要求，对异常的交易情况提出报告。证券交易所应当对上市公司及相关信息披露义务人披露信息进行监督，督促其依法及时、准确地披露信息。证券交所根据需要，可以对出现重大异常交易情况的证券账户限制交易，并报国务院证券监督管理机构备案。

（二）证券公司

证券公司是指依照《公司法》和《证券法》规定设立的经营证券业务的有限责任公司或者股份有限公司。

1. 证券公司的设立

设立证券公司，应当具备下列条件：①有符合法律、行政法规规定的公司章程；②主要股东及公司的实际控制人具有良好的财务状况，最近三年无重大违法违规记录；③有符合本法规定的公司注册资本；④董事、监事、高级管理人员、从业人员符合本法规定的条件；⑤有完善的风险管理与内部控制制度；⑥有合格的经营场所、业务设施和信息技术系统；⑦法律、行政法规和经国务院批准的国务院证券监督管理机构规定的其他条件。

证券公司必须在其名称中标明证券有限责任公司或者证券股份有限公司字样。

设立证券公司，必须经国务院证券监督管理机构审查批准。未经国务院证券监督管理机构批准，任何单位和个人不得以证券公司名义开展证券业务。

国务院证券监督管理机构应当自受理证券公司设立申请之日起六个月内，依照法定条件和法定程序并根据审慎监管原则进行审查，作出批准或者不予批准的决定，并通知申请人；不予批准的，应当说明理由。

证券公司设立申请获得批准的，申请人应当在规定的期限内向公司登记机关申请设立登记，领取营业执照。

证券公司应当自领取营业执照之日起十五日内，向国务院证券监督管理机构申请经营证券业务许可证。未取得经营证券业务许可证，证券公司不得经营证券业务。

2.证券公司的业务范围

经国务院证券监督管理机构批准，证券公司可以经营下列部分或者全部业务：①证券经纪；②证券投资咨询；③与证券交易、证券投资活动有关的财务顾问；④证券承销与保荐；⑤证券融资融券；⑥证券做市交易；⑦证券自营；⑧其他证券业务。其中，证券公司经营第①项至第③项业务的，注册资本最低限额为人民币五千万元；经营第④项至第⑧项业务之一的，注册资本最低限额为人民币一亿元；经营第④项至第⑧项业务中两项以上的，注册资本最低限额为人民币五亿元。证券公司的注册资本应当是实缴资本。国务院证券监督管理机构根据审慎监管原则和各项业务的风险程度，可以调整注册资本最低限额，但不得少于前款规定的限额。

（三）证券登记结算机构

证券登记结算机构是为证券交易提供集中登记、存管与结算服务，不以营利为目的的法人。

设立证券登记结算机构必须经国务院证券监督管理机构批准，并应当具备下列条件：①自有资金不少于人民币二亿元；②具有证券登记、存管和结算服务所必须的场所和设施；③国务院证券监督管理机构规定的其他条件。

（四）证券服务机构

证券服务机构包括投资咨询机构、财务顾问机构、资信评级机构、资产评估机构、会计师事务所，它们从事证券服务业务，必须经国务院证券监督管理机构和有关主管部门批准。投资咨询机构、财务顾问机构、资信评级机构、资产评估机构、会计师事务所从事证券服务业务的审批管理办法，由国务院证券监督管理机构和有关主管部门制定。

投资咨询机构、财务顾问机构、资信评级机构从事证券服务业务的人员，必须具备证券专业知识和从事证券业务或者证券服务业务两年以上经验。认定其证券从业资格的标准和管理办法，由国务院证券监督管理机构制定。

五、证券监督管理机构

我国的证券监管采用集中统一管理和自律管理相结合的原则，因而，证券监管机构包括自律性管理机构——证券业协会和国家的统一管理机构——中国证券监督管理委员会。

（一）证券业协会

证券业协会是证券业的自律性组织，是社会团体法人。《证券法》规定，证券公司应当加人证券业协会。

证券业协会履行下列职责：①教育和组织会员及其从业人员遵守证券法律、行政法规，组织开展证券行业诚信建设，督促证券行业履行社会责任；②依法维护会员的合法权益，向证券监督管理机构反映会员的建议和要求；③督促会员开展投资者教育和保护活动，维护投资者合法权益；④制定和实施证券行业自律规则，监督、检查会员及其从业人员行为，对违反法律、行政法规、自律规则或者协会章程的，按照规定给予纪律处分或者实施其他自律管理措施；⑤制定证券行业业务规范，组织从业人员的业务培训；⑥组织会员就证券业的发展、运作及有关内容进行研究，收集整理、发布证券相关信息，提供会员服务，组织行业交流，引导行业创新发展；⑦对会员之间、会员与客户之间发生的证券业务纠纷进行调解；⑧证券业协会章程规定的其他职责。

证券业协会设理事会。理事会成员依章程的规定由选举产生。

（二）证券监督管理机构

国务院证券监督管理机构（中国证券监督管理委员会）依法对证券市场实行监督管理，维护证券市场秩序，保障其合法运行。

1. 职责

国务院证券监督管理机构在对证券市场实施监督管理中履行下列职责：①依法制定有关证券市场监督管理的规章、规则，并依法进行审批、核准、注册，办理备案；②依法对证券的发行、上市、交易、登记、存管、结算等行为，进行监督管理；③依法对证券发行人、证券公司、证券服务机构、证券交易场所、证券登记结算机构的证券业务活动，进行监督管理；④依法制定从事证券业务人员的行为准则，并监督实施；⑤依法监督检查证券发行、上市、交易的信息披露；⑥依法对证券业协会的自律管理活动进行指导和监督；⑦依法监测并防范、处置证券市场风险；⑧依法开展投资者教育；⑨依法对证券违法行为进行查处；⑩法律、行政法规规定的其他职责。

国务院证券监督管理机构可以和其他国家或者地区的证券监督管理机构建立监督管理合作机制，实施跨境监督管理。

2. 监管措施

国务院证券监督管理机构依法履行职责，有权采取下列措施：①对证券发行人、证券公司、证券服务机构、证券交易场所、证券登记结算机构进行现场检查；②进入涉嫌违法行为发生场所调查取证；③询问当事人和与被调查事件有关的单位和个人，要求其对与被调查事件有关的事项作出说明；或者要求其按照指定的方式报送与被调查事件有关的文件和资料；④查阅、复制与被调查事件有关的财产权登记、通讯记录等资料；⑤查阅、复制当事人和与被调查事件有关的单位和个人的证券交易记录、登记过户记录、财务会计资料及其他相关文件和资料；对可能被转移、隐匿或者毁损的文件和资料，可以予以封存、扣押；⑥查询当事人和与被调查事件有关的单位和个人的资金账户、证券账户、银行账户以及其他具有支付、托管、结算等功能的账户信息，可以对有关文件和资料进行复制；对有证据证明已经或者可能转移或者隐匿违法资金、证券等涉案财产或者隐匿、伪造、毁损重要证据的，经国务院证券监督管理机构主要负责人或者其授权的其他负责人批准，可以冻结或者查封，期限为六个月；因特殊原因需要延长的，每次延长期限不得超过三个月，冻结、查封期限最长不得超过二年；⑦在调查操纵证券市场、内幕交易等重大证券违法行为时，经国务院证券监督管理机构主要负责人或者其授权的其他负责人批准，可以限制被调查事件当事人的证券买卖，但限制的期限不得超过三个月；案情复杂的，可以延长三个月；⑧通知出境入境管理机关依法阻止涉嫌违法人员、涉嫌违法单位的主管人员和其他直接责任人员出境。

为防范证券市场风险，维护市场秩序，国务院证券监督管理机构可以采取责令改正、监管谈话，出具警示函等措施。

第七章 经济法中的劳动保障法律制度

第一节 劳动法律制度

一、劳动法概述

（一）劳动法的概念、目的和适用范围

劳动法是调整劳动者之间的关系以及和其相关的社会关系的一种法律规范。其主要的作用是维护劳动者的合法权益，确保我国的用人单位和劳动者之间保持一种和谐的劳动关系，从而促进促进经济发展和社会进步。

劳动关系是指劳动者与用人单位之间在实现集体劳动过程中发生的社会关系，是生产关系的组成部分。《中华人民共和国劳动法》（以下简称《劳动法》）第二条规定："在中华人民共和国境内的企业、个体经济组织（用人单位）和与之形成劳动关系的劳动者，适用本法。国家机关、事业组织、社会团体和与之建立劳动合同关系的劳动者，依照本法执行。"《中华人民共和国劳动合同法》（以下简称《劳动合同法》）第二条规定："中华人民共和国境内的企业、个体经济组织、民办非企业单位等组织（用人单位）与劳动者建立劳动关系，订立、履行、变更、解除或者终止劳动合同，适用本法。国家机关、事业单位、社会团体和与其建立劳动关系的劳动者，订立、履行、变更、解除或者终止劳动合同，依照本法执行。"

与劳动关系密切联系的其他社会关系，主要就是指因为劳动关系而出现、变更和消灭而附带发生的社会关系，主要包括：①劳动力资源开发和配置的社会关系；②工资总量宏观调控和实施工资保障的社会关系；③劳动安全卫生管理和服务的社会关系；④社会保险及其管理的社会关系；⑤集体谈判和协商的社会关系；⑥劳动争议调解和仲裁的社会关系；⑦监督用人单位遵守劳动法的社会关系。

（二）劳动法的立法

1994 年 7 月 5 日，第八届全国人大常委会第八次会议通过了《中华人民共和国劳动法》，这是我国劳动立法的一个重要里程碑。2001 年 10 月 27 日，第九届全国人大常委会第二十四次会议通过了《关于修改〈中华人民共和国工会法〉的决定》和《中华人民共和国职业病防治法》。2002 年 6 月 29 日，第九届全国人大常委第二十八次会议通过了《中华人民共和国安全生产法》。以《劳动法》为基本法，国务院及其劳动行政部门制定了许多与其配套的行政法规和规章，其内容包括劳动合同、集体合同、工资、工时、劳动保护、就业促进、劳动力市场管理、职业培训、社会保险等多个方面。2007 年以来，我国劳动立法进入黄金阶段。在构建和谐社会的背景下，2007 年我国先后制定了《中华人民共和国劳动合同法》《中华人民共和国就业促进法》《中华人民共和国劳动争议调解仲裁法》，故 2007 年被称为"劳动立法年"。2010 年，《中华人民共和国社会保险法》通过。

二、劳动合同制度

《中华人民共和国劳动合同法》2007 年 6 月 29 日在第十届全国人民代表大会常务委员会第二十八次会议获得通过，并于 2008 年 1 月 1 日开始施行。《劳动合同法》主要是解决劳动纠纷和劳动关系中出现的问题。

（一）劳动合同的概念、种类和特征

劳动合同是指劳动者与用人单位之间自愿签订的一种具有法律意义的协议。其主要内容是规定了双方的权利和义务，从而从法律上确定双方的劳动关系，用法律对双方的行为做到有效的调整。

劳动合同是一种双方法律行为，除了具备合同的共同特征以外，还具有下列特征：①主体的特定性。一方是劳动者，即具有法定资格的中国人、外国人和无国籍人；另一方是用人单位，即具有使用劳动力资格的经济组织、国家机关、事业单位、社会团体等。双方在具体行为动作中，都具有主动性和被动性，其实就是双方互有权利、互有义务。②客体的单一性。劳动合同的客体仅指劳动行为，包括完成一定工作成果的行为和提供一定劳务活动的行为。③诺成性和有偿性。这就是指合同签订即发生法律效力，并不要一方实际再做出具体的实际行为，才能让合同发生效力，这和实践性合同对应；劳动者付出劳动，用人单位需要支付报酬。这和无偿合同是对应的。双务性。就是指签订合同的双方互负义务，和单务合同相对应。④劳动权利义务的统一性和对应性。⑤往往涉及第三人的物质利益。劳动者享有的社会保险和福利待遇的权利，由此附带产生了第三人（如劳动者直系亲属）依法享受的物质利益。

劳动合同分为一般劳动合同与集体合同。一般劳动合同就是指用人单位和一个劳动者签订的劳动合同，这样的合同只对双方当事人发生具有法律约束力。而且这样的合同有被分成固定期限、无固定期限劳动合同以及完成某项任务的期限劳动合同。这里固定的劳动合同，就是劳动者和用人单位约定了合同的终止时间。而无固定期限合同，就是对这个时间没有进行详细的约定。而以任务为期限的合同，就是完成某项工作任务之后，便可以结束合同。而集体合同主要就是企业中的职工代表全体职工和企业之间所签订的合同，会有劳动者的工作时间、报酬、待遇等，这样的合同对企业的全体员工都具有法律约束力。

（二）《劳动合同法》的适用范围

《劳动合同法》规定，其主要适用一般的境内企业组织或者国家机关、单位和劳动者之间签订的劳动合同，主要调整的是这些劳动合同的订立、履行、变更、解除或者终止等行为。

关于国家机关、事业单位、社会团体和与其建立劳动关系的劳动者是否以及在多大程度上适用《劳动合同法》，在立法过程中曾经引起较大争议，其中有"区别对待说"和"完全纳入说"两种主要的观点。"区别对待说"从我国当前的实际情况出发，认为我国应该区别企业用工与其他性质单位工作人员的区别，随着社会的发展，国家机关和事业单位也应该适用于此法，因为只要是调整的劳动关系，那么这就像是调整彼此的买卖关系一样，都应该处于平等的法律地位，做到一视同仁。对于公务员、公立大学的教师等，则适用其他法律的规定。"完全纳入说"主要针对事业单位和社会团体的工作人员，从长远来看，必然打破人事的双轨制，施行企业化管理，因而也应该统一适用《劳动合同法》的规定。

（三）劳动合同的订立

劳动合同的订立主要作用就是确定劳动关系，或者说将这种行为法律化，其主要目的就是通过法律的手段保护好合同双方的权利。《劳动合同法》规定，劳动合同必须是书面合同，所以说劳动合同也是要式合同。但是现实社会中，人们不可能都按照这样的规范来进行，许多真实的情况是劳动者和用人单位存在真正的劳动关系，但是没有签订相关的劳动合同。针对这样的情况，《劳动合同法》则规定自用人单位用工之日起劳动合同即成立。而且用人单位应该在用工一月之内和劳动者签订相关的劳动合同。

用人单位在劳动者订立相关的劳动合同时，对于固定期限合同的约束比较明晰和清楚，而且合同双方协商的条款也非常明了，所以在对其进行法律规定时，相对也较为完善和严谨。而对于无固定期限劳动合同，因为合同双方的约定不足，这时候就需要从法律方面层面对其进行强制性的一些约束，从而切实的保护好劳动双方之间的合法权益。《劳动合同法》在这方面专门对一些这样的情况做出了强制性规定。有以下情况时，在续立、订立合同时，如果劳动者没有做出任何意思表示，那么其订立的合同都是无固定期限的合同：第一，就是劳动者在一个企业连续工作了十年，之后续订合同如果劳动者没有意思表示，则劳动合同自动转变成无固定期限的合同；第二，企业开始实行劳动合同法，工作人员已经工作十年，而且离法定退休不足十年；第三，劳动者和企业连续订立过两次固定合同，并且没有出现例外情况的。为了解决当前大量企业不与劳动者签订书面劳动合同、肆意侵害劳动者合法权益的情况，《劳动合同法》为了很好地保护好劳动者的合法权利，在劳动者工作满一年之后，如果企业没有和劳动者订立合同，则视他们之间订立了无固定期限劳动合同。

所谓无固定期限的合同并不是终身合同，其主要是合同双方对劳动的终止期限没有做出明确的约定，而其余和固定期限合同是一样的。无固定期限合同是合同双方都可以因为一定的事由而解除合同，解除合同时双方也无须赔偿。但是固定期限合同在解除合同时，合同的违约方需要赔偿另一方一定的损失。所以，无定期劳动合同，给了劳动者很大择业的自由，同时，对于企业来说，当其面临一些经济困境时，需要进行裁员或者辞退等方式，保证自己的发展，企业也不必进行相关的赔偿，对于企业摆脱困境有一定的帮助作用。所以从总体来看，无固定期限合同对劳动者和用人单位都是有益的。

（三）劳动合同的内容

劳动合同的内容分为必备条款和任意条款。必备条款是指法律规定必须包含的条款，任意条款指必备条款之外当事人另行约定的条款。

《劳动合同法》第十七条规定，劳动合同主要需要具备的内容：第一，用人单位的位置、名称、法定代表人和负责人等；第二，劳动者证明自己身份的有效证件；第三，合同期限；第四，工作内容和地点。还有其他劳动者的各种待遇和福利之类，确保劳动者在工作中的合法权利可以得到有效的保护。劳动合同的必备条款往往有不清晰或者发生争议之处，比如对劳动报酬的多少，以及其他一些条件的规定，这些内容就需要劳动者和用人单位进行协商，如果最终协商无果，则可以适用集体合同的相关规定。如果没有这些合同则可以采取同工同酬的方式。

除了以上的规定之外，用人单位与劳动者还可以约定试用期和培训的时间，是否带薪培训，签订相关的保密协议等任意条款，双方可在法律许可的范围内进行约定。

（四）试用期制度

试用期是指用人单位和劳动者相互了解、选择而约定的考察期。试用期的目的在于给予双方以考察对方和思考、决定的缓冲期限。

关于试用期限。《劳动合同法》对其进行规定主要是为了保护劳动者的合法权利。针对订立劳动合同期限的不同，试用期限也规定了不同的时间。劳动合同期限在三个月到一年的试用期不能超过一个月；合同期限在一年到三年的，试用期不能超过两个月；而以任务为期限的劳动合同或者不满三个月的劳动合同，就不能约定试用期；其他情况的劳动合同试用期都不可超过半年，而且同一的劳动者和用人单位试用期只能约定一次。试用期是在劳动合同的期限范围之内的。一般来说，试用期的劳动者待遇都不是很好，所以法律也对此进行了详细的规定，首先工资不能低于企业的最低工作或者约定普通员工工资的 80%，而这个工资也不能低于企业最低工资标准。这样的方式，可以很好地保护试用人员的合法权利。

关于试用期间劳动关系的维持。首先，劳动者可以随时解除劳动合同，不能附加任何条件，而只需提前三天通知用人单位即可；其次，在试用期中，用人单位不得随意解除劳动合同，除非具有法律规定的特殊情形。这样主要是为了更好地保护试用期的劳动者。用人单位在解除劳动合同时，需要给出正当的理由。

（五）竞业限制

竞业限制主要目的是维护商业机密，比如劳动者和企业签订的相关保密协议，或者在劳动合同解除之后，劳动者在一定时间内不能到和原企业有竞争关系的单位或者相同业务单位进行工作，这样的规定主要就是为了很好地保护用人单位的合法权益。

关于竞业禁止这方面的规定，用人单位和劳动者可以在签订的劳动合同中就做出表明，比如对商业机密和企业知识产权等方面的保密，劳动者在签订拉动合同之日起便具有相关的保密义务。劳动者如果违反了相关规定，那么就需要按照相关的条款支付相关的违约金。竞业禁止这项条款主要是对企业的高管、技术人员和保密人员等进行一定的限制，其中双方可以对限制业务范围、地点和期限等进行协商，但是最终的限制结果不能违背我国的法律法规。为了避免用人单位滥用竞业限制的权利，侵害劳动者的劳动和就业的权利。在用人单位和劳动者解除劳动合同之后，其约定的竞业禁止期限不能超过两年。

（六）劳动合同的无效

并不是任何劳动合同都是有效的，其经常会因为许多事由最终会归于无效，如劳动合同是在劳动者被欺诈或者胁迫等情况下订立的，其并不是出于劳动者自己意志。还有就是严重不公平的劳动合同，如用人单位在合同中减免自己的责任，增加劳动者的义务。以及劳动合同在订立时违反了我国相关的强制规定。这些情况都会造成劳动合同无效。

对于劳动合同是否有效以及其中存在的争议，可以通过劳动仲裁机构或者人民法院来进行确定。如果劳动合同只是部分内容无效，这样并不会影响其他条款的效力。如果劳动合同被确认无效，而劳动者已经付出劳动的，用人单位需要按照相关的行业标准支付相应的报酬。

（七）劳动合同的履行

用人单位与劳动者应当按照劳动合同中的约定，全面履行各自的义务。

为了保护劳动者的合法权利，《劳动合同法》在合同履行中规定了一些特殊的措施和制度。首先，用人单位需要按照合同约定支付足额的劳动报酬，如果出现拖欠或者没有足额支付劳动报酬，劳动者可以向人民法院申请支付令，人民法院应该依法发出支付令。其次，用人单位应当按照合同来约束自己的行为，不可以变相强迫劳动者加班。如果用人单位安排加班，需要按照国家相关的规定支付相应的加班费。最后，劳动者可以拒绝用人单位一些不合理的强令指挥，或者进行一些高危险的工作，这样的拒绝不被看作违约，并且对于企业存在不合理的管理情况，劳动者可以对企业进行检举。

（八）劳动合同的解除和终止

劳动合同的解除是指当事人双方对已生效的劳动合同在未履行完毕之前提前终止劳动合同效力的行为。

在下列情况下劳动合同可以解除：①经劳动合同当事人协商一致；②劳动者在解除合同前三十日以书面形式通知企业，在试用期其只需要提前三天告知企业；③另外，用人单位存在一些情况，劳动者也可以主动解除合同，如没有按照合同给劳动者提供一定的保护、没有支付足额的报酬、没有缴纳相关的社会保险等，这些情况劳动者都可以提出解除劳动合同，如出现了违规操作，对劳动者造成损害，或者暴力威胁劳动者强迫其进行劳动等，这个时候劳动者可以立即和用人单位解除劳动合同，不用事先通知企业。

为了避免劳动者滥用权利，保证用人单位的合法权益，用人单位在一定情况下，也有主动提出解除劳动合同的权利。第一，劳动者在试用期间没有达到录用的要求。第二，劳动者违反了用人单位相关的规章制度。第三，劳动者出现了严重失职等情况，给企业带来了重大的损失。第四，劳动者兼职，并且对自己的本职工作造成了严重不利的影响,因《劳动合同法》第二十六条规定的情形致使劳动合同无效的，相关的责任人需要承担一定的刑事责任。第五，在一些特殊的情况下，用人单位需要提前一个月采用书面形式通知劳动者解除劳动合同，并且需要额外支付一个月工作。这种情况主要有：劳动者患病或者一些其他原因（排除工伤）而住院，在劳动者康复之后，不能从事原来的工作，也无法从事企业安排给他的其他工作的；劳动者经过培训无法胜任工作，企业给其调换工作时，其依旧无法胜任工作；还有就是一个兜底条款，一些客观情况发生了重大变化，合同无法进行有效的履行，双方对于变更劳动合同最后无果的。

为了保护劳动者的合法权利，企业裁员超过 20 人或者超过总体职工的 10% 时，需要提前一个月通知工会或者全体职工，听取他们相关的意见之后，制定出相关的裁员方案，方案需要向劳动行政部门报告，然后才能进行裁员。这主要是对企业裁员的行为进行监督。而企业主要有下列情形时，便可以进行裁员：第一，企业因为自身原因出现了问题，之后进入破产重整的状态；第二，企业自身出现了严重的财政困难，通过采取多种改革调整之后，企业仍然需要裁员；第三，因为客观情况发生了重大的变化，合同无法继续履行下去。这些情况，企业都可以进行裁员。但是在裁员过程中，也需要遵循一定的原则：要优先留用和企业订立了长期的固定期限劳动合同的劳动者；家庭负担比较重，自己是家庭唯一生活来源的职工。另外，如果企业在裁员之后的六个月内又招募新人，这个时候应该通知那些被裁掉的员工，而且在同样的条件下，对他们进行优先录用。

为了更好地保护劳动者的合法权利，尤其在某些特殊情况下权利不受侵害，《劳动合同法》还规定用人单位决定不能解除劳动合同的情形:第一，对于那些从事接触职业危害作业的劳动者在离职之前未进行相关的健康检查或者对他们的观察期间；第二，职工在工作中患职业病或者因工负伤造成其无法工作、丧失一定劳动能力的；第三，职工患病或非因工负伤，在规定的医疗期限内的；第四，女职工在孕期、产期、哺乳期的；第五，职工在本单位连续工作15年，而且离法定退休年龄不满五年的；第六，我国法律法规规定的其他情形。这些情况下，用人单位都不能单方面的解除合同。

劳动合同的终止情况。劳动合同到约定期限自动终止，这是一种最为自然的合同终止，从劳动者的方面来看，主要有劳动者开始享受养老保险待遇的或者劳动者死亡的、法定死亡失踪的；从用人单位方面来看，主要有用人单位法定破产，或被吊销营业执照或者提前解散，或法律法规规定的其他情况等。

（九）经济补偿

当劳动合同因为某些情况解除后，用人单位需向劳动者支付一定的经济补偿。

这种主要的情况有《劳动合同法》第三十六条、第三十八条和第四十条中相关的规定解除劳动合同的，用人单位都需要按照相关规定进行一定的经济补偿。

用人单位在向劳动者进行经济补偿时，需要根据相关的规定确定补偿的数额。一般来说，根据劳动者的工作年限来规定经济补偿的数额，一年对应一个月的工资。工作不满一年，高于六个月的，按照一年的标准进行计算。如果劳动者的月工作高于当地平均工资的三倍，其经济补偿数额要按照这个标准进行计算，不过这种经济补偿最高不能超过 12 年。

此外，《劳动合同法》还对集体合同、劳务派遣、非全日制用工、劳动监督检查以及违反该法的规定所需承担的法律责任作出了明确的规定。

三、劳动基准制度

（一）工作时间

工作时间又称劳动时间，是指法律规定的劳动者在企业、事业单位、机关、团体等用人单位，从事劳动、完成本职工作的时间。工作时间包括每日应工作的时数和每周应工作的天数，它们分别称为工作日和工作周。我国目前实行劳动者每日工作不超过 8 小时，平均每周工作时间不超过 44 小时的制度。

为了保障劳动者的身体健康，《劳动法》对延长工作时间作了限制性规定：用人单位由于生产经营需要，必须要加班的，需要与工会和劳动者协商相关的加班时间和加班费等。一般每日不得超过一个小时，如果有特殊情况，在保障劳动者身体健康的条件下加班每日不能超过三个小时，而一个月加班时间最多不能超过 36 个小时。在特殊情况下，延长工作时间可不受限制。《劳动法》规定的特殊情况包括：①发生自然灾害、事故或者其他原因，威胁劳动者生命健康和财产安全，需要紧急处理的；②生产设备、交通运输路线、公共设施发生故障，影响生产和公众利益，必须及时抢修的；③法律、行政法规规定的其他情形。这其实主要就是规定了相关的意外条款。比如，有人深夜生病了，医生不能因为其不到工作时间而不对病人进行救治，这样显然是不对的。

（二）休息时间

休息时间是法律规定的劳动者不必从事生产和工作而自行支配的时间。依据《劳动法》的规定，休息时间包括：①工作间歇时间。这是劳动者在一个工作日内所享有的休息时间。②公休假日。就是我们日常提到的周末，而且应该保证劳动者每周都可以休息一天。③法定节假日。主要指的我国一些传统节日和法律规定的假日，如春节、端午节、劳动节和国庆节等。少数民族的传统节日放假时间另行规定。④探亲假。根据有关规定，劳动者工作地点与父母或配偶分居两地的，在一些普通的公共假日不能团聚的，有一定的带薪休假的时间。⑤带薪年休假。带薪年休假是法律规定劳动者每年享有保留职务和工资的一定期限的假期。⑥其他假期。除了以上介绍的假期外，我国规定的其他假期还有女职工生育时的产假、职工婚丧假等，用人单位应依法支付假期工资。同时，《劳动合同法》还规定了用人单位不能随意更改相关的休息制度，如果要做出重大的修改，必须要和职工做到有效的讨论和协商，最终经过职工代表大会的同意，相关的修改才能真正实行。在签订劳动合同时，必须具有休息休假的条款。县级相关政府要对用人单位在工人休假这方面的制度是否遵守进行有效的监督。

为了贯彻实施带薪年休假制度，维护职工休息休假权利，调动职工工作积极性，2007 年 12 月 7 日我国国务院公布了《职工带薪年休假条例》，于 2008 年 1 月 1 日起施行。《职工带薪年休假条例》规定，机关、团体、企业、事业单位、民办非企业单位、有雇工的个体工商户等单位的职工连续工作 1 年以上的，都可以享受带薪年休假。通过这样规定，保证了劳动者可以按照国家规定享受年休假，而且年休假期间还享受和平常一样的工资待遇。根据职工工作的年限不同，年休假时间也各不相同。一般来说就是工作的时间越长，其实就是对用人单位的贡献很大，累计工作满 20 年的，年休假 15 天，这是年休假最长的。而累计工作不满 10 年的，对于企业的发展贡献小，这个时候年休假都是 5 天。而中间的，年休假就都是 10 天。国家法定休假日、休息日不计算到年休假之中。

例外情况：比如，第一，劳动者依法享受寒暑假，而且时间要远远大于年假。第二，劳动者经常性的请假，累积 20 天，都没有扣除工资。第三，劳动者工作在十年以下，请病假超过了两个月。而对于工作其他阶段的请病假不能超过三个月和四个月。用人单位在对年休假进行安排时，要根据自己的发展情况以及劳动者自己意愿来进行统筹安排年休假。通过这样的安排，保证劳动者都可以享受年假，同时也保证企业可以正常的运行和发展。年假一般是分阶段进行安排，并不会跨年安排。当然一些企业比较特殊，也可以跨一年对年假进行安排。如果一些企业因为本身工作岗位的特殊性，无法对劳动者安排年休假，那么在和相关劳动者商量之后，可以不对其安排年休假，但是在此期间的工作相关的工资应该是原来的工作的三倍。

（三）劳动报酬

我国工资分配主要遵循按劳分配原则、同工同酬原则、工资水平随经济发展逐步提高的原则，国家对工资总量实行宏观控制的原则以及用人单位自主分配的原则。

我国现行的工资形式主要有计时工资、计件工资两种基本形式和奖金、津贴两种辅助形式。具体采用什么工资形式，一般可由企业确定。

国家通过法律形式确立最低工资制度。最低工资标准，又称最低工资率，是指国家依法规定的单位劳动时间的最低工资数额。它的确立关系着劳动者最低生活水平的维护，是最低工资立法的核心问题。由于我国幅员辽阔，各个地区生产、生活水平差异较大，建立统一的最低工资标准并不现实，因此应允许各地根据具体情况确定本地最低工资标准。我国《劳动法》第四十八条明确规定："最低工资的具体标准由省、自治区、直辖市人民政府规定，报国务院备案。"省、自治区、直辖市范围内的不同行政区域可以有不同的最低工资标准。

我国《劳动法》第四十九条规定："确定和调整最低工资标准应当综合参考下列因素：①劳动者本人及平均赡养人口的最低生活费用；②社会平均工资水平；③劳动生产率；④就业状况；⑤地区之间经济发展水平的差异。"

此外，劳动与社会保障部在修订公布的《最低工资规定》中，对确定和调整月最低工资标准，规定了应当参考职工个人缴纳的社会保险费和住房公积金等因素。《最低工资规定》还规定，确定和调整小时的最低工资标准，应在确定本地最低工资标准的同时，还需要考虑相关的基本保险，并且对非全日制的劳动者做到更好的管理和安排，确保他们可以稳定地进行工作，并且保证他们的工作环境和条件，对工作强度做到很好的控制，并且保证他们的福利待遇。

四、劳动安全与保护制度

劳动安全与保护制度，是指国家为了改善劳动条件，保护劳动者在生产工作过程中的人身安全与健康而制定的行为规范，包括劳动纪律、劳动安全卫生、对女职工和未成年工的特殊保护、劳动保护管理和国家安全监察等项制度。

（一）安全卫生保护

依据《劳动法》，我国劳动安全卫生法律规定主要有以下几个方面的内容：①用人单位需要对我国的相关规定进行严格的执行，并且对员工做到有效的安全卫生教育，避免劳动者在工作中出现事故或者伤亡等情况。②企业的相关设备要符合国家规定的相关标准，同时要保证安全设施的齐全，工作过程中，要确保安全设施和主体工程同时设计、同时施工、同时投入生产和使用。③用人单位必须按照国家规定的标准建设劳动安全卫生设施，在劳动者进行工作时，必须提供安全的工作环境，同时还要提供相应的安全生产设备，并且对劳动者进行定期的健康检查。④对从事特种作业的劳动者，必须经过专门培训并取得特种作业资格。⑤劳动者在工作过程中，一定要按照安全的生产流程来进行工作，如果违章操作、冒险作业，危害到自己或者他人的生命安全，用人单位可以对其进行批评等。⑥国家建立伤亡事故和职业病统计报告和处理制度。

（二）女职工和未成年工的特殊劳动保护

根据女职工生理特点和抚育子女需要，对其在劳动过程中的安全健康所采取的有别于男子的特殊保护措施，主要包括对女职工怀孕期、月经期、哺乳期、生育期的"四期"特殊保护：①不得安排女职工在经期从事一些对其身体造成损害的工作或者高强度的体力劳动；②不得安排女职工在怀孕期间、哺乳期间从事高强度的劳动工作，而且不能安排其夜班以及加班工作；③女职工的产假不能少于九十天；④不得安排女职工从事井下和采伐工作。

未成年工是指年满 16 周岁未满 18 周岁的劳动者。根据他们生长发育的特点和接受义务教育的需要，必须对他们在劳动过程中的安全健康采取特殊保护：上岗前进行劳动培训，不得让他们从事矿井下的工作，以及一些有毒有害的工作、具有高劳动强度的工作。而且要对他们进行定期的健康检查。这种检查也做了非常严格的规定，主要是为了对未成年进行更加全面的保护。

五、劳动争议处理制度

劳动争议，又称劳动纠纷和劳资争议。其有广义和狭义之分，广义上的劳动争议是指《劳动法》中各种主体之间相互间的争议，其中有劳动者、用人单位、劳动者团体（工会）、用人单位团体、劳动管理行政机关、社会保险经办机构或职业培训机构等劳动服务主体之间发生的一切争议，比如劳动合同争议、劳动保险争议、劳动行政争议、集体合同争议等。而狭义上的劳动争议主要就是职工和企业之间就劳动权利和义务之间存在的争议，此处所指的劳动争议是从狭义上理解的。

依据 2007 年颁布的《劳动争议调解仲裁法》规定，劳动争议范围是指我国境内的用人单位和劳动者发生的争议，包括因劳动关系确定而发生的争议；因劳动合同的订立、履行、变更、解除和终止而发生的争议；因员工被辞退或者出名、离职等发生的争议；因相关休息时间或者福利待遇等问题产生的矛盾；以及法律规定中存在的其他劳动争议。

在对劳动争议进行处理时，需要遵循一定的原则，保护好相关工作人员的合法权益。这些原则分别是依法处理劳动争议原则、公正原则、着重调解劳动争议原则、及时处理劳动争议原则。劳动争议的处理程序为以下四种：分别是协商、调节、仲裁和诉讼。第一，协商，主要就是指劳动争议双方在一种自由平等的前提下，做到相互谅解，最终解决彼此之间存在的劳动争议。第二，调解，如果当事人协商不出一个统一的结果，那么可以请求单位的劳动争议调解委员会进行调解，从而来对这种争议进行有效的解决。当事人在知道或应当知道自己的权利被侵害之日起 30 日内提出申请。第三,仲裁,是当事人自愿将争议提交仲裁机构,由其依法居中裁决,从而解决劳动争议的一种方式。我国县级以上行政区设劳动争议仲裁委员会,仲裁委员会主要由政府机关的相关工作人员、工会人员和企业代表等组成。这样是为了保证仲裁委员会的公正性,代表各方权利的主体都在其中。另外还可以通过聘请专职或兼职仲裁员组成仲裁庭,对劳动争议进行仲裁。我国对于一些劳动争议,经过仲裁之后便为终局裁决,而且裁决书自做出之日其便生效。在这些劳动争议中,主要有对劳动报酬的追索,或者因为工伤医疗费等发生的争议。还有就是因为劳动者自己休假休息和工作实践以及福利待遇而产生的矛盾。第四,诉讼,如果劳动者在通过采用前三种救济途径都对最终的结果表示不服的话,可以提起相关的诉讼。另外,对于之前的仲裁结果在出现以下情况时,可以申请撤销仲裁裁决:①相关的工作人员在适用法律、法规时出现了错误;②劳动争议仲裁委员会越权管理,管辖权存在问题;③违反仲裁法中的相关程序;④裁决所依据的证据常出现了严重的伪造;⑤对方当事人隐瞒了重要的证据,而且其会直接影响到最终的裁决结果。⑥仲裁员在仲裁该案时存在索贿受贿、枉法裁决的情况。

第二节 社会保障法律制度

一、社会保障法概述

(一)社会保障

社会保障是以国家或社会为主体,根据法律规定,对国民收入进行再分配,从而对那些生活困难、没有生活来源的家庭做到有效的帮助,从而确保他们稳定的生活，避免因为这些原因而出现国家动乱的情况。

（1）社会保障制度的责任主体是国家和社会。在社会保障关系中，负有义务的一方称为义务主体，包括实施社会保障的国家或社会，也包括参与社会保障关系的个人。但是，只有国家或社会才有能力担当起社会保障的责任主体。

（2）社会保障的权利主体是生活困难的公民。生存权是公民的基本权利。任何公民都有权利要求国家和社会提供物质帮助，以保障其基本生活需要。

（3）社会保障制度的目标是满足公民的基本生活需要。社会保障制度是对社会成员提供基本生活保障，以保障其基本生活需要为目标。社会保障制度的这一目标，是基于效益优先、兼顾公平的原则以及生存权这一人的基本权利。

（4）社会保障的资金由国家和社会支出，其实就是我国的财政收入。所谓取之用民，用之于民，就体现在这里。国家通过这样的方法对国民收入进行再分配，从而来保证人们最低的生活水平。

（5）社会保障的依据是相应的法律规范。即社会保障的规则是根据法律规定的，公民拥有主要的权利，他们的这种权利受法律保护。国家和社会也有这样的责任。

（二）社会保障法

社会保障法是调整社会保障关系的法律规范的总称。具体而言，社会保障法是调整以国家、社会和全体社会成员为主体，为了保证社会成员的基本生活需要并不断提高其生活水平，以及解决某些特殊社会群体的生活困难而发生的经济扶助关系的法律规范的总称。它既包括以法律形式出现的社会保障法，即冠以"社会保障""社会保险""社会救助"等名称的法律，也包括其他法律、法规当中涉及社会保障问题的相关规范以及具有法律效力的关于社会保障事项的地方性法规、规章。

社会保障法是以社会保障关系为其调整对象的，具体而言表现为国家、各类单位和社会成员之间在社会保障各项活动当中所发生的关系。从不同的角度出发，社会保障关系可以分成若干种类：从主体出发，社会保障关系主要包括国家与社会成员之间的关系、社会保障机构与政府之间的关系、社会保障机构与社成员之间的关系、社会保障机构之间的关系、社会保障机构与用人单位之间的关系、用人单位与劳动者之间的关系；从内容出发，社会保障关系主要包括社会保险关系、救济关系、福利关系、优抚关系等。

（三）社会保障立法

目前，我国没有一部涵盖各种社会保障项目的综合性的社会保障法，而是采用与各类社会保障项目对应的、若干部法律规范并立的模式。

1. 有关社会保险制度的立法

社会保险涉及面广，覆盖对象多，在社会保障工作中是非常重要的工作内容。通过制定这样的制度，主要是为了给那些失去劳动能力的人提供基本的生活保障。我国在这方面的立法主要有《中华人民共和国社会保险法》《国务院关于企业职工养老保险制度改革的决定》《失业保险条例》《工伤保险条例》《企业职工生育保险试行办法》《关于建立城镇职工医疗保险制度的决定》等。

2. 有关社会救助制度的立法

社会救济是最低层次的社会保障，旨在保障全体社会成员的最低生活标准。我国在这方面的立法主要有《城市居民最低生活保障条例》《城市生活无着的流浪乞讨人员救助管理办法》《城市生活无着的流浪乞讨人员救助管理办法实施细则》等。

3.有关社会福利制度的立法

社会福利属于最高层次的社会保障，是在社会最低的保障基础上，让人民的生活质量随着社会经济的发展不断提高。我国在这方面的立法主要有《社会福利基金使用管理暂行办法》《社会福利机构管理暂行办法》《福利企业资格认定办法》等。

4.有关社会优抚制度的立法

社会优抚针对的对象比较特殊，旨在保障特定社会成员（如军人及其眷属）的生活需要。我国在这方面立法主要有《退伍义务兵安置条例》《军人抚恤优待条例》等。

二、社会保险法律制度

（一）社会保险与社会保险法的概念

社会保险是指国家通过立法保障劳动者在遭遇劳动风险的情况下，能够从国家和社会依法获得物质帮助和补偿的一种制度。劳动风险一般是指劳动者在其一生中所遇到的生、老、病、死、伤残、失业等风险。为了可以确保劳动者的生存和劳动力的再生产，国家和社会对因丧失劳动能力或劳动机会而不能劳动或暂时中止劳动的劳动者，给予其物质帮助和补偿，以维持其基本生活需要。作为社会保障制度中最为重要的组成部分，社会保险和社会福利、社会救济共同构成劳动者保护的基本制度体系。

社会保险法是指国家调整社会保险关系及同社会保险关系相关联的其他社会关系的法律规范的总称。作为社会保障制度的核心，社会保险法在整个社会保障体系中占有十分重要的地位。从法律规范的基本作用来考察，社会保险法具备社会保障制度的所有功能和作用；从法律规范的个别性来考察，社会保险法具有自身特定的显著作用。综合来看，社会保险法在保障劳动者的基本生活，保护劳动者的正当权益，维护社会安定团结，维持劳动力再生产的正常进行；免除职工的后顾之忧，稳定职工心理，调动其劳动积极性，保证劳动力的合理流动；促进经济发展，调节经济运行速率和方向，促进资本市场良性运转，等方面都起到重要作用。2010 年 10 月 28 日，我国第十一届全国人民代表大会常务委员会第十七次会议通过了《中华人民共和国社会保险法》（以下简称《社会保险法》），该法自 2011 年 7 月 1 日起施行。这是我国社会保险法制建设的一个里程碑。

（二）社会保险的具体法律规定

1. 养老保险

养老保险，指的是国家通过立法强制建立养老保险基金，根据劳动者的体质和劳动力资源的状况，规定一个年龄界限，允许劳动者在达到一定的年龄之后，因为年龄比较老而丧失劳动能力，从而让社会来负担其这方面的责任，对劳动者做到很好的保障。养老保险是社会保障制度的重要组成部分，同每一个劳动者息息相关，是一种普遍性的社会保障形式。

我国现行基本养老保险制度的覆盖范围为城镇所有企业及其职工。城镇的各种企业都应该让自己的职工都灵活参与到基本的养老保险中，不断地扩大养老保险的范围。对于各种工作人员，比如让非全日制的工作人员和个体工商户等都参加到基本的养老保险中，通过这样的方式来加大我国的保障范围，尽量减小我国可能出现不稳定的因素。

从目前世界上实行养老保险的国家来看，大部分国家实行国家、雇主和劳动者三方共同出资，并以企业和个人为主的原则。我国 1991 年

《国务院关于企业职工养老保险制度改革的决定》第二条规定："改变养老保险完全由国家、企业包下来的办法，实行国家、企业、个人三方共同负担，职工个人也要缴纳一定的费用。"我国由此确立了养老保险基金由国家、用人单位和劳动者三方共同筹措的原则，养老保险基金负担主体包括国家、用人单位和劳动者个人，并以用人单位和劳动者个人为主。

养老保险金发放条件主要包括年龄、工龄和缴费年限三个要素。我国现行法律规定男性年满 60 周岁，女性年满 55 周岁，有权享受养老保险待遇。法律、法规对劳动者的老年年龄有特殊规定者，从其规定。国家公务员提前退休一般要求其工龄都要满 10 年，如果其连续工作 30 年，其退休年龄则不再受限制。因工伤致残而完全丧失劳动能力的职工，退休不以连续工龄为条件。各国一般都规定一个最低缴费年限，即最低保龄。我国规定的缴费年限为 15 年。养老保险金一般以劳动者在职时的工资收入为基础，再辅之以工龄或缴费年限和退休年龄进行计算。

2. 失业保险

失业保险是社会保险制度的重要组成部分。它指的是国家通过建立失业保险基金，对那些因为失业而没有生活来源的劳动者提供一定的保障。

我国 1998 年颁布的《失业保险条例》将失业保险的覆盖范围从国有企业及其职工、企业化管理的事业单位及其职工扩大到城镇所有企业、事业单位及其职工。从单位来看，城镇的国有职工、集体企业、外商投资企业、港澳台投资企业、私营企业等各类企业，以及事业单位都必须参加失业保险并按规定缴纳失业保险费。从个人来看，上述单位的职工也要按规定缴纳失业保险费，使用后符合条件者可以享受失业保险待遇。

根据我国《社会保险法》第四十五条的规定，只有符合相关条件的失业人员才具有领取失业保险金的资格。这里主要是指失业前用人单位和本人一直都有缴纳失业保险，而且这个交费已经满一年；第二，不是因为自己的原因而造成失业；第三，已经进行了相关的失业登记，而且也有就业的意向。而在此期间，失业人员可以领取相应的失业保险金。

失业保险金的标准各个地方的规定都不相同，这主要根据每个地方的生活水平和收入水平来定。我国《社会保险法》第四十六条规定："失业人员失业前用人单位和本人累计缴费满一年不足五年的，领取失业保险金的期限最长为十二个月；累计缴费满五年不足十年的，领取失业保险金的期限最长为十八个月；累计缴费十年以上的，领取失业保险金的期限最长为二十四个月。重新就业后，再次失业的，缴费时间重新计算，领取失业保险金的期限与前次失业应当领取而尚未领取的失业保险金的期限合并计算，最长不超过二十四个月。"

3. 工伤保险

工伤保险又称为职业伤害保险，指的是劳动者在工作过程中或法定的特殊情况下，由于意外事故负伤、致残、死亡，或者患职业病，造成本人及家庭收入中断，从工伤保险基金中获得必要的医疗费、康复费、生活费、经济补偿等必要费用，对其本人或由本人供养的亲属给予物质帮助和经济补偿的社会保险制度。

工伤保险是目前我国所有社会保险项目中覆盖范围最广的一种。我国2003年颁布的《工伤保险条例》第二条规定："中华人民共和国境内的企业、事业单位、社会团体、民办非企业单位、基金会、律师事务所、会计师事务所等组织和有雇工的个体工商户应当依照本条例规定参加工伤保险，为本单位全部职工或者雇工缴纳工伤保险费。""中华人民共和国境内的企业、事业单位、社会团体、民办非企业单位、基金会、律师事务所、会计师事务所等组织的职工和个体工商户的雇工，均有依照本条例的规定享受工伤保险待遇的权利。"

我国《工伤保险条例》第十四条规定，对职工可能出现的各种工伤情况进行了有效的规定，通过这样的规定可以对职工的工作做到有效的保护。其中对工伤的认定进行了仔细的规定：①在工作时间和工作场所内，因工作原因受到事故伤害的；②工作时间前后在工作场所内，从事与工作有关的预备性或者收尾性工作受到事故伤害的；③在工作时间和工作场所内，因履行工作职责受到暴力等意外伤害的；④患职业病的；⑤因工外出期间，由于工作原因受到伤害或者发生事故下落不明的；⑥在上下班途中，受到非本人主要责任的交通事故或者城市轨道交通、客运轮渡、火车事故伤害的；⑦法律、行政法规规定应当认定为工伤的其他情形。

《工伤保险条例》第十五条规定了视同为工伤的情形。这里出现的情况实质并不是工伤，但是视同工伤：①在工作时间和工作岗位，突发疾病死亡或者在48小时之内经抢救无效死亡的；②在抢险救灾等维护国家利益、公共利益活动中受到伤害的；③职工原在军队服役，因战、因公负伤致残，已取得革命伤残军人证，到用人单位后旧伤复发的。职工有前款第①项、第②项情形的，按照本条例的有关规定享受工伤保险待遇；职工有前款第③项情形的，按照本条例的有关规定享受除一次性伤残补助金以外的工伤保险待遇。

4. 医疗保险

医疗保险又称医疗保险或健康保险，指的是劳动者因患病或非因工负伤治疗期间，可以从国家或社会获得必要的医疗服务和经济补偿的一种社会保险制度。

根据我国《关于建立城镇职工基本医疗保险制度的决定》，我国的基本医疗保险制度覆盖范围在城镇非常广，所有的用人单位和劳动者都参与到了相关的医疗保险当中。

国务院《关于建立城镇职工医疗保险制度的决定》第二条规定，基本医疗保险费由用人单位和职工共同缴纳。只是两者承担的百分比不同，用人单位一般需要缴纳的费用比职工要多。而随着现代社会主义经济的快速发展，这种用人单位和职工缴费比例可以进行适当的调整。第三条规定，要建立基本医疗保险统筹基金和个人账户。这个过程中，职工所有缴纳的费用都是划入到个人账户当中，而用人单位缴纳的费用，一部分用于建立统筹基金，一部分划入个人账户。通过这两部分的资金对工作人员的医疗做到有效的保障。

我国的医疗保险待遇主要包括医疗保险期间待遇和致残待遇。比如职工在患病住院期间，根据其工作的时间，可以对其医疗期间做到相应的规定。而对于职工存在一些难以治愈的疾病，首先需要经医疗机构对其进行严格的审核，然后由劳动者自己亲自进行申请，通过相关的部门进行审批之后，用人单位可以对职工的医疗期限进行适当的延长。在医疗期内，职工一般可在与社会保险经办机构和用人单位签订的医疗服务合同规定的多个定点医疗机构中选择就医。职工在进行医疗救治过程中，所要承担的各种费用，可以按照一定的比例从医疗保险中支出。而在对社会保险进行使用时，其只需支付一定比例的费用。职工不是因为工伤而致残的，通过相关检定机构对其进行检定之后，可以获得相关的医疗保险待遇。另外，用人单位需要对那些无法再进行工作的职工，进行一定的疾病津贴。而在规定的医疗期过后，用人单位可以解除劳动合同，并且根据相关的规定对工作人员进行一定的经济补偿，确保他们可以正常的生活。

5. 生育保险

生育保险是国家和社会针对女性生育行为的生理特点，通过社会保险立法，对受保妇女孕育、生育、哺乳期间，给予妇女物质帮助和保护，以保障受保妇女的基本生活，保持、恢复或增进受保妇女的身体健康及工作能力的一项社会保障制度。

我国《女职工劳动保护特别规定》和《企业职工生育保险试行办法》规定，生育保险适用于我国境内的一切国家机关、人民团体、事业单位的女职工。不少地方在实施中将生育保险的对象延伸到了乡镇企业、社办企业的女职工。

生育保险的待遇并不是社会中所有的女性都能享有。只有在劳动关系的基础之上，以及满足我国计划生育政策的前提下，才能享有这样的保险。所以说，用人单位一定要已经缴纳了相关的保险费，这个时候企业的女职工才能享受相关的待遇。如果其还想要享受相关的生育津贴就需要保证女职工的产假和生育津贴在同一个时间点上，只有这样，才能保证女职工享受到生育保险待遇。我国生育保险待遇主要的内容有：产假、生育津贴、生育医疗服务、生育期间的特殊劳动保护、生育期间的职业保障等。

三、社会救助法律制度

（一）社会救助的概念

社会救助，也叫社会救济，是国家通过对国民收入再分配，对那些因自然灾害等其他原因而处在最低生活水平之下的人民进行救助的一种制度，其主要是为了保证人们一种最低的生活水平，从而保证社会稳定的发展。

社会救助作为社会保障体系的一个组成部分，和社会其他相关的保障制度有着同样的功能和目的，主要就是避免出现劳动风险，提高人民整体的生活水平和质量，对那些生活困难的社会成员做到有效的帮助从而保证社会的稳定发展和进步。

（二）社会救助的具体法律制度

1. 最低生活保障

最低生活保障，是指政府对贫困人口按其最低生活需要保障标准给予现金或实物资助的社会救助制度。最低生活保障制度是社会保障制度中的最后一道"安全网"，主要作用就是保障那些生活在生存边缘的人们可以活下去，避免他们为了生存或者心理上出现问题，从而保证社会稳定，也避免社会成员出现不劳而获的想法。只要共同生活的家庭成员人均收入没有达到最低生活水平，那么他们就可以享受这样的最低生活保障。而对这个最低生活保障的标准进行规定时，主要是根据各地经济发展情况的不同，进行不同的划分。通过最低生活保障，从而来维持好城市居民的基本生活状态。而且尽量降低关于人们日常衣食住行的价格，来保障人们的生活质量。

农村最低生活保障主要就是针对农村家庭年均纯收入低于当地最低生活保障标准的农村居民，之所以要区分城镇和农村的最低生活保障，因为这其中本身的生存成本就存在很大的差距，所以要区别对待。对于那些生活条件比较困难的村民来说，要对其贫困的原因做仔细的分析，从而对他们做到有效的帮助。依据国务院《关于在全国建立农村最低生活保障制度的通知》，农村最低生活保障标准是根据其自身的发展水平来进行确定的。

2. 城市流浪乞讨人员救助制度

城市流浪乞讨人员救助制度，主要是对城市中那些靠乞讨为生的流浪汉人员进行管理，保证他们的基本生活状况，而制定出来的制度。《城市生活无着的流浪乞讨人员救助管理办法》（以下简称《救助管理办法》）以及《〈城市生活无着的流浪乞讨人员救助管理办法〉实施细则》（以下简称《实施细则》）的出台，彰显了政府在尊重和保障人权方面所做的努力。

《救助管理办法》第一条阐述了其立法目的："为了对在城市生活无着的流浪、乞讨人员实行救助，保障其基本生活权益，完善社会救助制度，制定本办法。"可见，社会救助制度主要就是对那些在城市生活中的流浪乞讨人员提供的临时性救助，改善他们所面临的生存状况，从而使他们可以顺利地找到工作或者回到自己的家乡，摆脱流浪、乞讨的生活状态。《实施细则》对救助对象作了详细的规定：因自身无力解决食宿，无亲友投靠，又不享受城市最低生活保障或者农村五保供养，正在城市流浪乞讨度日的人员。

《救助管理办法》规定，救助站根据受助人员的需要提供下列救助：①提供符合食品卫生要求的食物；②提供符合基本条件的住处；③对在站内突发急病的，及时送医院救治；④帮助与其家属或所在单位联系；⑤对没有交通费返回其住所地或者所在单位的，提供乘车凭证。在这其中，相关政府部门要做好监督和指导工作，保证这种救助工作可以得到很好的落实。

3.灾害救助

灾害救助，简称救灾，是指国家和社会对因遭受水灾、火灾、台风、火山爆发等自然灾害造成的严重生存危机进行救援，从而维持人民最低生活水平的一种制度，并要让这些人民可以脱离灾难和危险。

灾害救助的对象，是指在灾害事故中遭受损害的公民。灾害事故仅指自然灾害事故，而不包括社会灾害事故。灾民，是指因灾害事故而生活生产困难的公民，包括因灾害造成的伤病员；因灾害而没有工作、无法吃法和居住等情况的人员；因灾害而严重地影响到了其收成的成员。救灾资金主要从财政拨款、国际援助和社会捐赠三方面筹措。救灾的项目，从内容上看有口粮、衣被、建房、医疗等项目。

针对突发的自然灾害，《国家自然灾害救助应急预案》根据死亡人口和造成的破坏，对其划分出了四个不同的等级，从而采取不同级别的应急响应。如果自然灾害没有达到一定的程度，那么这些自然灾害主要由地方政府来完成相关的救助工作。因为自然灾害而造成了群众居住、吃饭困难的，人们可以向政府和相关单位进行主动申请，之后相关的管理部门需要向其发放"灾民救助卡"，凭"灾民救助卡"到村或乡镇领取救灾款物。

四、社会福利法律制度

（一）社会福利的概念

社会福利是指在保障全体社会成员达到基本的生活水平之后，随着经济的发展，社会各项制度会变得更加全面，社会成员享受的社会红利也更多，从而提升社会成员生活质量的一种制度。我国《劳动法》明确规定："国家发展社会福利事业，兴建公共福利设施，为劳动者休息、休养和疗养提供条件。用人单位应当创造条件，改善集体福利，提高劳动者的福利待遇。"社会福利是一种高层次性的社会保障，这种制度具有单向性、普遍性和统一性等特点。

（二）社会福利的种类

1. 公共福利

这里主要是指国家为了保证人们的物质生活和精神生活而建设的一些公共设施和公共服务等。比如，城市里建设各种公园、广场，以及举办的各种文化活动等。其中还有住房福利、卫生福利、教育和文化福利以及特殊群体（残疾人、老年人、儿童、妇女）福利等。

2. 职工福利

这里主要指参加工作的人员，企业在满足其基本的生活要求之后，对其进行额外的物质奖励。现阶段，职工福利基金采取从税后利润中按比例提取的方式来筹集。职工福利待遇的内容有：

（1）职工个人福利补贴。这主要是由职工福利基金给员工个人发放的个人福利。现行福利补贴主要有：冬季取暖补贴、困难职工生活补助、职工探亲补贴、交通费补贴、误餐费补贴、独生子女补贴等。

（2）职工集体福利。这主要是针对集体工作人员的一种福利，如对员工提供的公共休息地方，以及对员工提供相关医疗保障的措施，建造职工住宅、职工食堂、托幼设施、子弟学校、卫生设施等。

五、社会优抚法律制度

（一）社会优抚的概念

社会优抚，主要针对特殊人群，如对我国军人家属进行优抚和安置，确保他们的物质生活待遇，从而有效提高他们的生活水平。

社会优抚待遇的内容包括社会优待、抚恤（含伤残抚恤和死亡抚恤）和社会安置三种。其中，优待、抚恤的对象主要有：①现役军官、文职人员、士兵和具有军籍的学院人员；②革命伤残人员，包括军人、民兵以及民警等方面的伤残；③复员退伍军人，即退役军人；④革命烈士家属，简称烈属，主要是指在革命事业牺牲中的烈士，他们相关的家庭成员；⑤因公牺牲军人家属；⑥病故军人家属；⑦现役军人家属，简称军属，指现役军人和实行义务兵役制的人民警察（包括武装警察、消防督察）的家属；⑧见义勇为人员及其家属，就是指那些为了国家利益或者其他公民的利益，而且不是自己职责的范围之内，不顾个人安危同违法犯罪行为做斗争或者在灾害事故中见义勇为的人员。享受社会安置待遇的对象有退役军人、离退休军队干部及其随军家属、无军籍的退休退职职工。

（二）社会优抚管理机构

我国社会优抚管理体制分为军队和政府两个系统，它们既有分工，又相互协调。前者由军队政治部门和军队后勤部门组成，政治部门主要管理的对象是现役军人、退伍军人和离职军人的相关优抚待遇。后勤部门主要对相关的资金进行有效的管理，并且对优抚工作做到有效的保障。后者主要是指各级人民政府的民政部门。

第八章 经济法的责任制度

第一节 经济法责任的概念与性质

法律责任具体来说就是指人们若出现违反法律中规定的义务的情况，其要付出相应的代价。

在法律对于人行为模式的规定中，一些是对于人们能够做的，或者是可以不做的行为的规定，这些是法律所赋予人的权利。另外一些规定则是要求人们必须做的，或者不能做的以及禁止做的行为的规定，这就属于法律规定给人的义务。而违反法律，其实就是指其对于法律中所规定的义务的违反。

法律规范中包含的法律后果，主要由肯定式的后果及否定式的后果所组成。否定式的后果则又分为一般否定式与具体否定式两种否定形式。若对强行性的规范进行违反，就会导致其出现具体否定形式的一种否定。这种否定式的后果主要由相关联的两个环节所构成，也就是法律责任以及法律制裁。法律责任简单来说，就是行为人对于法律中明确规定的义务违反后要付出的相应代价。而法律制裁指的是通过国家相关机关对违法行为人进行强制，要求其对于相应的法律责任进行负责，也就是要强制其付出一定的代价。

长期以来，人们对于法律义务、法律后果、法律责任、法律制裁等概念的确切含义，感到很难准确辨析，对这些概念的使用较为混乱。按照本书上述分析，这些概念的联系和区别是比较明确的。我们可以将这些概念的关系再作如下集中表述：

违反一定的法律义务，造成一定的法律后果；法律后果（也就是否定式的后果）就是行为人其所需要承担的法律责任；若强制要求行为人对法律责任进行履行，就被叫作法律制裁。

也可以说是：

若违反法律的义务，必须要承担相应的法律责任，若其不履行，还要强制其对相应的法律责任进行充分的履行，即给予法律制裁。

若违反了不同部门法中规定的不同的法律义务，就要能够根据具体部门法中的规定对各种不同的法律后果进行承担，也就是行为人所承担的法律责任与可能受到的法律制裁都是不同的。例如，若行为人违反了经济法中的一定法律义务，那么其就需要对经济法中明确规定的法律后果进行承担，若其需要承担经济法的责任，经济法就会对其进行制裁。

经济法责任，具体所指的是行为人对于经济法中明确规定的义务违反时，要应付出的相应代价。由于不同的部门法中对于法律义务的性质是有着不同规定的，所以其法律责任有着不同的性质。比如，刑法中对于行为人义务的规定是，不能出现严重危害社会的相关行为，那么其规定的法律责任就表现为：义务违反人必须要为其危害社会的违法行为付出相应的代价。一般其所要付出的代价有着较为严重的性质，可能需要其付出财产、人身的自由，甚至是生命作为相应的代价。而民法中将义务规定为，人们不能对法律中规定及保护的平等主体间所具有的财产关系与人身关系进行侵害，不得侵害其他自然人和法人的财产权利和人身权利；其法律责任则表现在：义务违反人若发生侵害行为，则要对受到侵害的自然人与法人在财产或者是人身等方面进行补偿。经济法中所规定的义务，就是要求各经济法主体（同时包含国家进行经济调节的管理主体与被管理的主体），在国家实施经济调节的过程中，要能够依法正确地实施相关的调节及管理措施，并且要充分地服从与执行国家的调节与管理内容。一旦对这些义务进行违反，就可能会危害国家、社会、社会组织或者个人所具有的经济利益。因此，对于经济法中规定所具有的法律责任进行负责时，其一般都会给国家的经济调节以及国家、社会或者其他的被侵害主体的经济利益的损失进行弥补，从而消减已经造成的各种不利影响。

经济法责任有着经济性及社会性的鲜明特征。经济性所指的就是其属于国家进行经济调节过程中所出现的法律责任。因此，对于进行国家调节的管理主体来说，若其违反了法律中明确规定的调节管理义务，其就需要同时对国家及被调节管理的主体负责。对于被调节管理的主体来说，若其所开展的经济活动出现了违法行为，其就需要对国家以及社会中的其他经营者以及消费者负责。也就是说，上述的这些责任主要都出现在经济领域中，且由于经济活动以及国家所进行的经济调节管理活动所出现。

而经济法责任所具有的社会性，具体来说就是其法律责任往往与社会利益有着直接的关系。国家对经济的调节，就是对社会经济的长远利益进行考虑，并通过一些手段保证社会经济的秩序性及公平性。其虽然作为国家职能存在，但同样有着明显的社会公共职能的性质。若出现违反经济法的情况，简单来看其需要对国家或者是企业以及个人进行负责，但其实际上已经损害了社会的利益，所以在承担责任时，主要目的是避免社会损害进一步扩大，所以也说其承担的是社会责任。因此，在对经济法进行立法及应用的过程中，不管是认定责任的条件或是界定责任的标准还是掌握归责的原则，其都需要充分地考虑社会总体的实际利益。其不论是在市场规制还是在国家投资经营或宏观引导调控中，都是如此。

经济法责任，在我国的经济法学界以前也被叫作是"经济法律责任"。

但由于"经济法律"比较容易被人认为是"关于经济方面的法律"，因此这里主要将其称为"经济法责任"进行应用。

第二节　经济法的责任形式与制裁方式

由于经济法责任作为经济法的义务人要为其进行的行为给国家经济的调节，以及给国家、社会或个体的经济利益产生的危害所要承担的代价，因此，其代价就要与被侵害主体的经济利益直接有关，同时要和行为人在此方面导致的危害所具有的性质、程度及后果水平相当。其可以是补偿被侵害主体损失的财产及经济利益；可以是将其侵害行为停止，避免其继续的造成危害及影响；也可以将侵害人今后可能再次危害所需要的资格及手段进行剥夺。所以，经济法责任里的种类就是责任形式，一般主要有财产与更多的经济利益、经济行为、经济信誉以及经济管理行为等责任。

一、财产和其他经济利益方面的责任

财产和其他经济利益方面的责任（以下简称财产责任），具体来说，就是经济法的义务违反人由于其违法行为损害了被侵害主体的财产与别的经济利益，其就需要使用属于自身的财产或别的经济利益对被损害主体进行补偿，实现责任承担的主要方式。对于其责任进行承担的主要条件就是：其违法行为已经导致财产及其他的经济利益损失情况的出现，责任范围通常都是进行等价的补偿。这两点和民法中有关民事责任的财产责任规定是基本一致的。但其二者的不同之处在于：有着不同的责任发生原因。也就是说，经济法承担的财产责任，主要是出现在国家进行的经济调节管理活动的过程中，其作为行为人在执行国家经济调节管理公务过程中因主观过错而给被管理主体造成损害，或者是被管理主体因不服从调节管理，或是不履行其所具有的接受调节管理的相关义务，导致国家、社会以及其他的社会组织、个人的财产经济利益受到损害所应承担的责任；民法中的财产责任，发生在社会上各平等主体之间的经济交往过程中，是行为人对其他社会组织或个人造成损害所应承担的责任。两种责任可能实现的程度不同：社会组织以及个人对于国家与社会造成的经济危害，若数额比较巨大，且其自身的财产无法充分补偿的情况下，还要能够利用别的责任形式进行弥补；但对于国家的经济管理机关与相关工作人员来说，若其在进行经济调节管理的工作时，导致管理主体的财产与经济利益受到损害，则就不能使用其财产补偿。这是由于国家机关财产的所有权同样属于国家，所以就不能擅自使用国家财产承担其违法责任，就需要对别的责任形式进行应用。国家机关的负责人与直接责任人虽然能够应用财产责任的形式，但这样的责任形式不能对所导致的损失进行弥补。因此，这也表明经济法中当前所应用的财产责任形式的采用范围是非常有限的，而民法中的财产责任形式的采用却是极为普遍的。

二、经济行为方面的责任（简称经济行为责任）

经济行为方面的责任（以下简称经济行为责任）指的是违反经济法义务的行为人今后的经济行为会受到一定的限制，从而对其责任进行承担的一种方式。经济行为的限制，具体来说就是对其以后从事具体经济活动的资格及手段进行限制或者是剥夺，从而对其一些经济行为进行限制。这种责任方式不仅能够避免其以后在同样的经济活动中再出现类似的危害行为，也能够将已经产生的不良社会影响进行消除。若使用了这样的责任形式，那么限制的责任人的经济行为，要和其所做出的的危害行为是一致或相似的。经济行为责任的形式作为当前经济法责任中较常应用的一种普遍的责任形式，一般来说所针对的是国家经济调节活动中的被管理主体。

三、经济信誉责任

经济信誉责任的承担方式是要求经济法义务的违反行为人的经济信誉损失。而经济信誉，其实就是说在开展经济活动的过程中，其与他人在进行经济交往时的信用与声誉。经济活动作为一种典型的社会活动，其同样也是一种明显的社会人际关系。想要别人能够更加放心地与其进行经济交往，就对其信誉就提出了较高的要求。特别对于企业和其他经营者来说，经济信誉对于从事经济活动的主体来说，有着至关重要的作用。其要承担相应的责任，经济信誉就会受到严重损失，这不仅能够严惩违法行为人，起到威慑其他经济行为人的作用，还能够避免危害持续的出现。经济信誉这种责任形式一般都适用于企业与生产经营者们。其所需要承担的责任范围，要与其所造成的社会危害范围比较一致，也就是要有效地把握其经济信誉损失的形式、时间及范围。

四、经济管理行为责任（简称经济管理责任）

经济管理行为责任（以下简称经济管理责任）形式一般应用于对国家经济调节管理主体的约束，也就是相关的国家机关与人员。而经济管理行为责任，具体来说就是针对经济法中明确规定的某些经济调节管理的义务进行违反的国家机关与人员，而往往其承担方式就是对其所具有的经济管理行为的限制。对其管理行为的限制则主要体现在：对经济管理资格及职权的限制与剥夺，对其管理行为的纠正等。通过这样责任形式的应用，就能够及时地停止其危害行为，从而尽量减轻与补救其所造成的危害后果，并避免其再次发生危害行为，将其所造成的社会影响进行有效的消除。所以，经济管理责任作为一种必要的责任形式，应该受到足够的重视。但当前还有很多的国家并未对这种经济责任形式进行确立。

经济法的主要责任形式一般都是以上四种。但还有一些人认为，要在经济法责任形式中增加行政、民事及刑事等责任。行政责任往往是由于行为人对行政法中的规定义务违反后要承担的责任；民事、刑事责任则属于民法及刑法的内容范畴。国家在对经济法规范性文件进行制定时，其中就涵盖着一些与行政法、民法及刑法等有关的法律规范；因此一些违法行为在违反了经济法中的规范内容以外，还会对其他的部门法规范进行违反。这种情况下，法律文件中就会对几种不同的部门法的相关法律责任形式进行规定。若相关的法律文件要求相关行为人同时承担行政、民事及刑事责任，只能证明其同时触犯了多种法律规范，但不足以证明经济法责任形式也存在行政、民事及刑事等责任。

第三节 经济法的法律后果体系

每个部门法的调整方法都是独有的，并使得各部门法的调整方法体系具有独特性。而法的调整方法体系，简单来说就是法应用的不同行为规范方法及法律后果的形式，同时还包括每个规范方式及后果形式间的相互关系，经过关联与结合所构成的有机体。

经济法调整范围涉及国民经济各个方面、部门和环节，法律规范的对象情况各异，因此，需要采取的法律后果形式种类较多。迄今为止，各国经济法立法多采取单项法形式，并且往往是在实际经济生活迫切要求立法时才临时制定。每次制定某单项法时，往往根据需要而决定采取何种法律后果形式。当前，各国都未制定综合性的经济法典，没有一个文件对经济法后果形式集中、系统地加以规定。所以，经济法后果形式便难免名目繁多、分散混乱、缺乏衔接。这种情况有待改进。其实，当前各国经济法的大量单项法中关于法律后果形式的规定及法律实施中积累的大量经验，为经济法后果体系的建立和完善提供了丰富素材和基础。

在对经济法的法律后果体系进行建立与完善时，还要满足以下需求：①拥有完善的法律后果形式，可以满足经济法为实现其任务而对各个领域和各种类别的国家经济调节管理关系进行调整时，对于各种法律后果形式的需要；②各种法律后果形式的名称规范化，其内容确定，不至于产生歧义；③各种法律后果形式间有着较强的关联性，轻重合理衔接；④与别的部门法的后果形式存在明显区别。

就当前中国现行的经济法中的各项法律、法规中对于各种法律后果形式的规定进行梳理，可以将中国经济法中的法律后果体系整理如下几方面。

一、关于经济法责任和经济法制裁

（一）基本经济活动主体需要承担的法律后果

1.财产及经济的责任与制裁

财产的制裁主要为：进行罚款或罚息，要求交滞纳金，或是减少及停止对其贷款，还有可能提前将贷款收回；对于被非法侵占与挪用的资金要及时进行追回，对应进行上交的收入进行收回，并没收非法所得等。

实物的制裁一般有：对财产的所有权进行强制转移，减少或者停止计划的物资供应与没收等。

2.经济行为的责任与制裁

经济行为一般的制裁方式主要有：强制其进行停业、整顿，或者是对其生产许可证、营业执照等进行吊销，或是强制其解散等。

3.经济信誉责任与制裁

经济信誉主要的制裁方式有：进行公开性的通报批评，将其荣誉称号进行撤销等。

（二）国家经济管理机关承担的法律后果

一般来说，国家经济管理机关承担的法律后果主要的制裁方式一般有：责令其先前下达的管理决定进行修改、撤销；对其计划指标进行调整；责令其将被管理主体需要上交的利润等进行减免；撤销摊派；及时地停止、撤销或纠正其所进行的不合理的管理行为；对其经济管理职权与资格进行限制和剥夺等。

另外，也可令其承担一定经济（财产）责任，给予经济（财产）制裁，如赔偿损失。由于各个国家经济管理机关并无归其所有的独立财产，其财产所有权属于国家，同时国家经济管理机关中的负责人与事件的直接责任人员受其个人财产的限制，通常无法根据此对责任进行承担，因此，经济（财产）此种责任形式和制裁方式不能普遍适用和不能独立适用，还需令其对经济管理的行为责任进行负责，并接受制裁。

国家经济管理机关中的相关人员，在经济调节管理活动的开展过程中，若还同时违法了有关行政法或者刑法规定的义务，还应承担相应的行政法或者刑法责任和受到行政法或者刑法规定的制裁。

二、关于经济法奖励措施

（一）奖励基本的经济活动主体

对经济活动主体的奖励一般会采用物质奖励及精神奖励的方式，其中物质奖励主要有：对其应该上缴的税收及利润进行减免，或是只需要部分返还；信贷、价格、物资供应等优惠措施；还可以通过财政的补贴等方式进行奖励。精神奖励则主要有：进行通令嘉奖或者是给单位、个人以及产品授予一些荣誉称号等。

（二）奖励国家经济管理机关

对国家经济管理机关同样会进行物质与精神奖励，其中物质奖励主要通过颁发奖金及奖品的形式实现，而精神奖励则一般都会对通令嘉奖进行颁布，或者授予其荣誉称号等。

对于国家经济管理机关的相关工作人员，还会按照行政法中的相关规定，进行其他的奖励。

参考文献

[1] 毛德龙. 中国经济法学研究的转型与转型期经济法研究 [M]. 北京：中国法制出版社，2010.

[2] 王卫国. 金融法学家 [M]. 北京：法律出版社，2010.

[3] 杨紫烜. 国家协调论 [M]. 北京：北京大学出版社，2009.

[4] 时建中. 经济法基础理论文献辑要 [M]. 北京：中国政法大学出版社，2009.

[5] 张守文. 经济法学 [M]. 北京：北京大学出版社，2008.

[6] 张忠军. 金融业务融合与监管制度创新 [M]. 北京：北京大学出版社，2007.

[7] 蔡磊. 经济法律关系主体论 [M]. 北京：中国社会科学出版社，2007.

[8] 司正家. 当代资本主义经济研究 [M]. 北京：中国经济出版社，2007.

[9] 邱本. 经济法总论 [M]. 北京：法律出版社，2007.

[10] 刘继峰. 竞争法 [M]. 北京：对外经济贸易大学出版社，2007.

[11] 钟扬. 农民公平分享改革成果的经济法学分析 [D]. 南昌：江西财经大学，2014.

[12] 王琳琳. 公路规划制度的经济法学研究 [D]. 西安：长安大学，2013.

[13] 王佳. 转轨经济法学：基于中国国情的理论回应 [D]. 重庆：西南政法大学，2013.

[14] 覃甫政 . 论经济法上的社会整体利益 [D]. 北京：中国社会科学院大学，2012.

[15] 祝东强 . 中国经济法学体系结构研究 [D]. 兰州：兰州大学，2012.

[16] 程南 . 经济法理论的反思与完善 [D]. 北京：中国政法大学，2011.

[17] 颜常 . 国家在经济法主体中的角色定位研究 [D]. 湘潭：湘潭大学，2010.

[18] 杨文静 . 农村信用社改革的经济法学思考 [D]. 合肥：安徽大学，2006.

[19] 黄汐 . 论经济法学和行政法学视野中的银监会权力控制 [D]. 长沙：湖南大学，2006.

[20] 王伦刚 . 经济转型与中国经济法理论的逻辑起点 [D]. 成都：西南财经大学，2004.